Suzuki Yasutomo

鈴木康友

市長は社長だ

浜松市が1314億円の借金を返せた理由

PHP

まえがき——二人の偉大な師

市長在任中は、常に経営者としての視点で市政を推進してきました。政治家になる前に小さな企画会社を十年ほど経営していましたが、市政は企業経営とよく似ています。よく「自治体経営」という言葉が使われますが、まさに言葉の通りだと実感しています。自治体の場合は、売り上げを上げ、利益を追求するという活動はありませんが、税収を増やすとともに、最小のコストで市民サービスを最大化するという点では、まさに経営です。

また昔は前例にならい、ミスを犯さず行政事務をこなすというのが、自治体の常識だったようですが、変化の激しい今の時代には通用しません。常に先を読み、新しいチャレンジを求められます。スピードとアイデア、そしてアジャイル（機敏な）思考が必要な点でも企業経営に似ています。

共に知恵を出し、汗をかいてくれる若手職員やベンチャー企業の社長たちは、私のことを「市長」と呼ばずに「社長」と呼びます。一般的には違和感があるかもしれませんが、私にとっては、誉《ほ》め言葉に聞こえます。自分の施政方針や意図が伝わっていることを実感するからです。全員は無理でも、一部の人たちだけでも理解者が周りにいる、ということは心強いことです。

私が市長として仕事をするうえで、大きな影響を受けた二人の偉大な経営者がいます。一人は松下政経塾の創設者の故・松下幸之助氏、もう一人はスズキ株式会社相談役の鈴木修《おさむ》氏です。

私は大学卒業後、松下政経塾に第一期生として入塾し、松下氏から数々の薫陶《くんとう》を受けました。特に「国にも自治体にも経営感覚が必要だ」という教えは、私の政治の原点です。

松下政経塾がスタートしたのは一九七九年です。同年にはエズラ・ヴォーゲル博士の『ジャパン アズ ナンバーワン』という著書がベストセラーになるなど、日本がバブルに向かう絶頂期にあったときに、すでに松下氏は二十一世紀の日本を心配されていました。日本が今のような国家経営をしていたら、二十一世紀になるころには多額の借金を抱えて財政が行き詰まってしまう、というのです。当時の私は半信半疑でしたが、日本はまさに松下氏が予言した通りの状況になっています。

私たちが松下氏に「なぜそう思われるのですか」と質問すると、こんな答えが返ってきました。

「そりゃ君ら、簡単なことや。日本みたいに巨大な国が、中央に税金を集めて、それを地方にばらまくような今の仕組みを続けていたら、お金がいくらあっても足らんようになる。地方自治体のほうも、国からお金が降ってくるから、無駄な税金の使い方しかしない。この仕組みを変えないといけない」

「そのためには日本に『道州制』を導入し、国に頼らず、それぞれの地域が頑張る仕組みにする必要がある。松下電器産業（現・パナソニック）だって、これだけ所帯が大きくなり、本社でコントロールできなくなったから事業部制を導入したんや。まして巨大な国やったら、なおさら分権が必要や」

松下氏ならではのわかりやすい説明で、すぐに腑《ふ》に落ちました。松下氏が設立したＰＨＰ研究所が、熱心に「地域主権型道州制」について研究をし、啓蒙を続けてきたのは、松下氏の思いを継いだからだと思います。もちろん私自身も道州制推進論者であり、一貫して地方分権に取り組んできました。

松下氏の極めつきの一言があります。「君ら、よう覚えときや。松下政経塾の『政経』は、政治経済の『経』ではない。政経の『経』は、国家経営の経であり、自治体経営の経なんや」。この言葉のなかに、松下氏の思いが凝縮されています。

私は在塾中、決して模範的な塾生ではありませんでしたが、政治家になってからは、忠実に松下氏の教えを守っています。衆議院議員時代は、国の財政再建や財政運営に真剣に向き合ってきました。しかし、駆け出しの野党議員が何とかできるほど、国の財政問題は簡単ではありません。委員会などで質問をしても、むなしさだけが残りました。

しかし市長になって感じたのは、浜松市の財政再建や無駄のない市政運営だったらできるという確信です。事実、さまざまな取り組みを行い、実績も積み重ねてきました。松下氏の教えを守り、実践してきたという点では、卒塾生として合格点を頂けるのではないかと自負しています。

もう一人の恩師、鈴木修氏には市長への道を導いていただくとともに、浜松市の行財政改革などの取り組みに、ご指導、ご尽力を頂きました。

私は二〇〇五年の第四四回衆議院議員総選挙、通称「郵政選挙」で落選しました。政権交代可能な二大政党の実現も松下幸之助氏の持論でした。松下氏は、もちろん政権政党である自民党の応援団でしたが、「自民党だけではだめだ。もう一つ政権の受け皿となる政党が必要であり、その両党による切磋琢磨《せっさたくま》が日本の政治を発展させる」とのことでした。

したがって一九九二年に細川護熙《もりひろ》氏が日本新党を立ち上げたとき、多くの卒塾生が日本新党の結党に参画しました。実は当時、私も日本新党から衆議院選挙の候補者として内定を頂いていたのですが、諸事情により出馬を断念し、初当選は二〇〇〇年の第四二回衆議院議員総選挙を待つこととなります。

日本新党と同時に、政治改革をスローガンに、自民党から小沢一郎氏をはじめとする多くの議員が離党し、新生党が結党されました。いわゆる五五年体制が崩壊した瞬間です。その後の日本政治の歩みはご存じの通り、細川連立政権から新進党、そして新進党分裂から民主党へと変遷していきます。

私の政治家としてのスタートは民主党からですが、議員に当選した直後に、自民党の加藤紘一幹事長(当時)が仕掛けた通称「加藤の乱」が起こり、森喜朗内閣の倒閣と保守再編が起こる一歩手前まで行きかけました。私は自民党が限界にきていることを感じ、いよいよ政界再編と保守二大政党の実現を確信しました。

しかし、そこに颯爽《さっそう》と登場したのが小泉純一郎氏でした。小泉氏は、「自民党が改革を阻むなら、党をぶっ壊す」と高らかに宣言し、支持率を急上昇させ、死に体だった自民党を復活させました。その頂点が「郵政民営化」でした。改革のシンボルを郵政民営化に絞り、国民の支持を集める手法は見事であり、そのクライマックスが二〇〇五年の郵政選挙でした。

私はこの選挙で落選しましたが、次の総選挙では、必ず政権交代ができるのではないかという確信がありました。小泉さんが、死にかけた自民党を小泉マジックで延命させましたが、夢から覚めれば再び支持率が急落し、次の選挙では、一度は政権の座から滑り落ちるだろうと感じていたからです(予想通り二〇〇九年の総選挙で、自民党が敗北し、民主党政権が誕生します。しかし、政権運営の稚拙さから民主党政権は短命に終わります。そのことについての論評は本書の趣旨ではないので割愛しますが、二大政党制が幻に終わったことは残念でなりません)。

そこで落選後、再起を期し活動を再開します。選挙での票差は二万票でした。あの最も厳しい選挙で二万票差なら、少なくとも一万票基礎票を上積みし、どんな選挙でも負けない強い後援組織をつくろうという目標を掲げ、活動を続けました。そうした最中《さなか》に事件は起こりました。

三期目を目指していた前浜松市長と鈴木修社長（現・相談役）ら経済人との間で、行財政改革などで意見の相違が生じ、溝がどんどん深まっていきました。その後、溝はもはや埋めることのできない状況まで悪化し、経済人側は選挙で対抗馬擁立を決断するという事態にまでになりました。

しかし当時の市長は、周辺市町村との大合併を実現し、政令指定都市移行を成し遂げた功労者であり、大きなミスもない堅実な市政運営を行っていたので、三期目の選挙は盤石だと思われていました。候補者選びは難航しました。

そんなとき、白羽の矢が立ったのが私でした。当の私は前述したように、政権交代選挙に向け準備を加速させていたところでしたので、関係者からの再三の出馬要請を固辞しました。鈴木修社長からは三回、出馬要請を頂きました。最後にお断りしたときには、「これで諦める」とおっしゃっていただいたので、お世話になった鈴木社長に申し訳なく思うと同時に、国会へ戻って活躍をし、恩返しをしようと決意をしました。

ところが、翌朝の電話で運命が大きく変わりました。お断りをした翌日の早朝、家の電話が鳴りました。電話の主は鈴木修社長でした。「康友さん、もう一度話をしよう。ついてはあなたの奥様も一緒に同行願えないだろうか」というものでした。

妻にそのことを伝えると、妻からは「そこまで修社長に言っていただいたのなら、お受けしたらどう。落選して政治の道は断たれても、生活していくくらい、何とかなるでしょ」という答えが返ってきました。

吹っ切れました。恩義のある鈴木社長から強く促されたということもありますが、一国会議員の力の限界も感じていたので、地方自治体のなかで、自分の理想とする政治を実現し、松下幸之助氏や鈴木修氏、そして何よりも多くの市民の負託に応え、日本を代表するような自治体をつくってみようという思いが湧いてきました。

この時点ですでに十一月です。四月の市長選挙まで半年を切っていました。ここから常識を覆す激烈な選挙戦がスタートしました。多くの国会議員仲間からは心配の電話が相次ぎました。「絶対に勝てないからやめておけ」「次は国会議員に返り咲けるのに、なぜ無謀な市長選挙に挑戦するんだ」等々、選挙や政治を知っている人たちからは、強く翻意を促されました。後から聞いたのですが、私のことを評価してくれていた仲間たちは、すでに市長選挙に落選することを前提に、どう国政への復帰の道筋をつけるかまで検討し始めていてくれたそうです。つくづく仲間はありがたいなあと思いました。

こうして周囲、特に政界関係者からは、続々と市長選挙出馬反対の声が上がりましたが、決断した後は、不思議と迷いはありませんでした。むしろ下馬評を覆して、絶対当選を勝ち取るぞという闘志が強くなっていきました。

　選挙結果は、多くのご支援のおかげで、僅差《きんさ》で勝利することができました。二〇万三九二三票対一九万二二九三票、その差はわずか一万一六三〇票でした。この瞬間から私の市長としての活動がスタートしました。

市長は社長だ

目次

第一章　「やらまいか精神」で全国モデルになる

第二章

財政の将来負担率が黒字になった

第三章　産業の未来を拓く

第四章　出世する街

第五章 自治体と「共進」するグローバル企業

対談 スズキ株式会社代表取締役社長 鈴木俊宏 前浜松市長 鈴木康友

第一章

「やらまいか精神」で全国モデルになる

「やります!」の実行

激烈な選挙を制し市長に就任したこともあり、当初は単騎で数千人の敵陣に乗り込むような気分でした。「果たして職員の皆さんは、自分についてきてくれるだろうか」という不安が脳裏をよぎりました。ここで大事なのは「スタートダッシュ」。最初が肝心です。

そこでまず職員の皆さんにお願いしたのが、一期四年で市民の皆様との約束であるマニフェストを実行することでした。市長選挙では「やります!」をスローガンに、八八の公約からなるマニフェストを掲げました。マニフェストについては、政治行政の大先輩である北川正恭《まさやす》早稲田大学名誉教授（元・三重県知事）が、有権者に対して責任ある政治を実現するために必要な手段であるとして、その啓蒙に熱心に取り組んでいました。マニフェストと従来の選挙公約の違いは、抽象的でお題目のような選挙公約と違い、マニフェストはできる限り具体的な数値目標を提示し、任期中に実現することを約束するという厳しいものです。

私もマニフェストを掲げた以上、四年間で実現しなければなりません。実現するためには、職員の皆さんの協力が必須です。そこでまず全部長に集まってもらい、マニフェストの趣旨を説明するとともに、実行の決意を表明しました。そのうえで部長の皆さんには、それぞれの部署に関わる公約について、四年間で実現するための工程表を作成することをお願いしました。そして四年間の工程表が完成したら、一年目の取り組みを市の戦略計画に盛り込み、着実に実現することをお願いしました。

戦略計画というのは、浜松市の一年間の事業計画です。この戦略計画を基に、予算も編成されますので、ここにマニフェストの公約が搭載されるということは、確実な実行が担保されることになります。

お願いしてから一カ月ほどで工程表が完成しました。完成するまでは、正直不安もありました。私の理念や思いを理解し、正しく工程表が出来上がるだろうか。その不安は杞憂《きゆう》に終わりました。八八の公約達成の工程表が、立派に作成されてきました。

これで市の職員に対する私の不安も払拭されました。職員の皆さんは、どんなに激しい選挙で市長が交代しても、次のトップの指示に対応する柔軟性と能力があることを確信しました。逆に私がリーダーシップを発揮して、明確な指示を出し、組織を統率していかないと、組織自体が動くべき方向性を見失い、停滞するだろうなとも感じました。自治体も企業も同じです。

さて、工程表が完成すると、次は単年度の目標を戦略計画に落とし込む作業となります。そして必用な予算を確保し、実行に移します。確実に成果を上げるため、各部長にも一年間の実行目標を宣誓してもらう「部長マニフェスト」という取り組みも始めました。

一年かけて実行した後は、その進捗の検証を行います。検証の結果、予定通り進んだのか、遅れたのかなどを見極めたのち、工程表と突き合わせ、修正すべきは修正しながら、翌年の戦略計画へと進みます。こうして四年間で、八八の約束を達成するわけです。

この一連のプロセスで、「マニフェストサイクル」と呼ばれるＰＤＣＡサイクルが確立できました。

マニフェスト大賞を受賞

せっかくマニフェストサイクルが確立できたので、北川正恭早稲田大学名誉教授等が始めた「マニフェスト大賞」に応募することにしました。マニフェスト大賞は第三回目でしたが、第二回大会から創設された「首長部門」に応募しました。結果は、最高位である「大賞」を受賞することができました。審査員の評価は、「マニフェストサイクルの確立と着実な実行」というものでした。大賞受賞は職員の皆さんの努力によるものです。優秀な浜松市の職員の皆さんに感謝するとともに、彼らと市政を推進していく覚悟と自信が生まれました。

ちなみに私は首長部門の第二代大賞受賞者ですが、栄えある初代は元神奈川県知事の松沢成文さん（現・参議院議員）でした。松沢さんは松下政経塾の第三期生で、私の後輩にあたります。

二代続けて松下幸之助門下生が受賞した、ということも誇らしく感じました。

今ではマニフェストはすっかり定着し、国政選挙で各政党も発表するようになりました。しかし最近、本来のマニフェストの趣旨である「公約の実現」という部分が、なおざりになっているように感じます。マニフェストが従来の選挙公約に成り下がったり、政治家の単なるPRに利用されるだけであったら意味がありません。有権者との約束が果たされたかどうかを、しっかり検証するプロセスを見直す必要があると思います。

浜松市の「経営方針」

企業経営には明確な経営方針が必要です。経営方針がしっかりしている会社は、組織が強固であり、飛躍・成長をします。一方、経営方針がなかったり、不明確な会社は、組織が不安定になります。

企業経営同様、自治体経営にも明確な方針が必要だと思います。自治体経営の指針としては、総合計画などの各種計画がありますが、それらのベースに首長の経営方針がなければなりません。特にこれからは社会課題が複雑化し、自治体経営も難しさを増すなか、リーダーである首長が、判断の物差しを持っているかどうかということはとても重要になります。

経営方針①：将来世代に対して責任を負う

私の経営方針の一つ目は、「将来世代に対して責任を負う」ということです。これは松下幸之助氏の薫陶の第一です。

松下幸之助氏は八十四歳のときに松下政経塾を設立されました。八十四歳という年齢を考えれば楽隠居しても文句を言われない歳です。まして当時は名経営者として、その名は全世界にとどろいていました。地位も名誉も財産もある方が、私財七〇億円を投じ、大きなリスクを冒してまでなぜ新しい事業を起こしたのか。それは将来に対する強烈な危機感でした。

冒頭でも述べた通り、松下氏は二十一世紀の日本に対する強い危機感を抱いていました。「国がこんな経営をしていたら、二十一世紀になるころは、多額の債務を抱え、財政が行き詰まってしまう」「日本の政治を変えなければ、二十一世紀になるころは、アジアの繁栄の中心は中国に移り、日本は衰退してしまう」。

一九七九年当時ですから、今から四十五年近く前のことですが、見事に現状を見抜いていました。松下氏から教えられたのは「政治家たるもの、国や自治体の将来に責任を負わなければならない」ということです。現在を生きる人々や社会に対して的確な施策を施し、福祉の向上や社会の発展に力を注ぐことは当たり前ですが、それと同等に将来世代に対して責任を負うことが、政治家にとっては重要な資質だと思います。

しかし、ともすれば現世中心に偏った施策になりがちです。なぜなら選挙で投票してくれるのは、今を生きる有権者だからです。そうした有権者の支持を得ようとすれば、より多くのサービスを提供しようとするのは、自然なことかもしれません。ただし、税金も資源も有限です。行き過ぎたサービスや投資は、将来世代に大きなツケを回すことになります。一定の受益者負担のもと、将来と現在のバランスをとっていかなければなりません。その責任を負っているのは、権力を持ち、税金の使い道を差配できる政治家です。将来のリスクも含め、社会全体を俯瞰《ふかん》して、適切な判断を行うことが政治家の責務だと思います。

では、日本はどうでしょうか。明らかに何十年も大きな歪《ひず》みが続いています。その結果が、巨額の債務となって表れています。松下氏が四十五年前に心配した通りの状況となっています。新型コロナウィルスの影響でさらに国債が乱発され、ついに国の債務は一〇〇〇兆円を超えました。

この状態をいつまで続けるのでしょうか。未来永劫国債を発行し続け、国の債務が青天井になっても大丈夫なのでしょうか。答えは「否」です。どこかで正常な状態に戻さなくてはなりません。しかし政治家は決まったように、「コロナという非常時だから仕方ない」「景気が悪いから国債を発行してでも景気を浮揚させなくてはならない」などと言います。こうした言い訳を何十年も前から続けています。「自分の代で、この負の連鎖を断ち切ろう」という政治家が現れない限り、いつか日本の財政は破綻《はたん》するでしょう。

この問題の解決の方法は二つしかありません。一つは増税で収入を増やすこと。もう一つは歳出の削減です。どちらも有権者の反発を招く厳しい選択です。しかし収入の範囲内で歳出を賄《まかな》うというプライマリーバランスを黒字化しなければ、事態は悪化し続けます。ドイツをはじめ欧米諸国は、財政規律を守りながらも日本よりも高い経済成長をしています。日本にできないはずはありません。一時的には景気が悪化するなどの痛みは伴うかもしれませんが、腹をくくらなければならない時期は近づいていると思います。国の将来にしっかり責任を負うリーダーの登場を期待します。

松下幸之助氏の危機感から国の財政問題について言及しましたが、自治体も構造は同じです。借金を増やしてでも住民に喜ばれる施設を整備したり、住民サービスを増やしたほうが、有権者の気持ちはつかめます。

しかし将来世代のことを考慮すれば、できる限り健全な財政構造を維持しなければなりません。必要な施設整備や住民サービスを確保しながら、将来世代にツケを回さないような財政運営を行うことは可能です。それがまさに「経営」ということではないかと思います。後ほどこれまでの取り組みを詳しくご紹介しますが、任期中に心がけてきたことは、現役世代の生活を守りながら、いかに将来世代へ対しても責任を果たすかということです。このことは財政運営に限らず、あらゆる施策で心がけてきました。私の手掛けてきた施策を紐解《ひもと》く一つの鍵が「将来世代への責任」なのです。

経営方針②：税金の無駄遣いをしない

税金の無駄遣いをしないというのは当たり前のことです。しかし、その当たり前のことが見過ごされることが往々にしてあります。税金は「自分のお金ではない、他人様のものだ」と思えば、普通の感覚なら粗末にできないと思います。しかし税金に名前は書いてありませんので、ついつい預かり物であることを忘れがちです。

地方自治体にとって最も重要な法律といえば地方自治法ですが、この第二条十四項には「地方公共団体は、その事務を処理するに当たっては、住民の福祉の増進に努めるとともに、最少の経費で最大の効果を挙げるようにしなければならない」と規定されています。

このなかの「最小の経費で最大の効果を挙げるようにしなければならない」という文言が重要です。つまり税金を一円たりとも無駄にしてはならないということを、わざわざ規定してあるわけです。第二条というのは総則の一つですので、まさに公務に携わる者の基本的な心得を規定したものですので、それだけ重要だということを意味します。私は事あるごとに、職員の皆さんに「税金の無駄遣いをしない」ということを伝えながら、同時に自分の戒《いまし》めとしてきました。

経営方針③：「やらまいか精神」の発揮

「やらまいか精神」は、浜松をはじめとする遠州《えんしゅう》地方独自の進取の気質とされています。「あれこれ悩む暇があったら、とにかくやってみよう」という前向きな考え方で、こうした風土があったので、浜松から本田技研工業やスズキ、ヤマハ、河合楽器製作所、浜松ホトニクスのような世界的企業が次々と誕生したと言われています。その典型が本田宗一郎《ほんだそういちろう》氏で、町工場から世界のホンダをつくった破天荒な生き方が、浜松人のやらまいか精神の典型とされています。

やらまいか精神は、今でも重要な資質ですが、それは経済や産業の分野に限ったことではありません。自治体などの公務の世界にも必要です。これまでの自治体は、どちらかといえば「石橋を叩いても渡らない」というくらいに慎重で保守的でした。失敗を恐れたからです。自治体には、「絶対に間違いを起こしてはならない」「絶対に失敗をしてはならない」といった不文律が存在していたのではないかと思います。それが前例に従えば間違いは起こさない、という「前例主義」に現れていました。

しかし、今は前例に従ってばかりいると、時代から取り残されたり、かえって間違いを犯すことになりかねません。特にデジタルなどの先進技術が急速に進み、社会全体が劇的に変化するこれからの時代は、過去に拘泥することは命取りになります。むしろ時代の先を読み、新しいことに貪欲に挑戦するという「やらまいか精神」が必要です。私は常に、このことを職員の皆さんに伝えてきました。同時に自分自身が新しいアイデアを出し、先頭切って取り組み、範を示してまいりました。一貫してこうした姿勢を貫いた結果、若手職員を中心に、新しいことにチャレンジするという「やらまいか精神」が根付いてきたのではないかと思います。

経営方針④：巧遅より拙速

やらまいか精神と同時に、大事にしてきた方針が「巧遅より拙速」です。これはトヨタ自動車の経営方針の一つですが、「巧みでも遅いのはだめ。多少拙くてもスピードが重要だ」という意味です。私の好きな言葉の一つです。

「カイゼン」や「かんばん方式」など、独自の生産方式を次々と編み出し、日本を代表するものづくり企業となったトヨタ自動車ですが、そうしたイノベーションの背景には、「巧遅より拙速」

という経営方針があります。トヨタでは、あれこれ考えてばかりいて、行動を逡巡《しゅんじゅん》する人間は評価されないそうです。とにかくスピード感を持って、次々と新しいことにチャレンジする人材が高く評価されます。

浜松市の隣の湖西市《こさい》が発祥のトヨタですので、遠州のやらまいか精神も根付いているのでしょう。最近の経営用語で言えば、「アジャイル」です。まずやってみて、その結果を踏まえいろいろ改善を加え、より良いものに仕上げていくという手法です。

「巧遅より拙速」という考え方も、今までの自治体にはなかった発想です。どちらかといえば「拙速より巧遅」で、拙速に事を進めるより、じっくり検討をして間違いのないようにことを進めるというのが、これまでの役所の発想でした。むろん大きな投資の必要な事業などについては、拙速は禁物ですが、そうしたもの以外は、自治体もスピード感が求められる時代となりました。特に、災害対応やコロナのような不測の事態には、反射神経とスピードが必要です。具体的な取り組みや政策のなかで、そのことをご紹介して参ります。

経営方針⑤：人を活かす

人を活《い》かすということは、企業においても自治体においても、最も重要な事柄だと思います。

「松下電器は人をつくる会社です。併せて電気器具もつくっております」というのが、松下幸之助氏の言葉でした。松下氏の名言集のなかでも、特に私が好きなものです。資本や技術、設備がいくら充実していても、「人財」が育たなければ企業は成長しません。

自治体も同じです。人財が育たなければ、都市の発展も、住民サービスの充実も図ることができません。もちろん自治体にも、さまざまなタイプの人財が必要です。きっちりと事務や業務をこなす人財。住民のなかに溶け込み、住民に寄り添って課題を解決し、コミュニティを発展させる人財。そしてこれからの自治体には、新しいことにどんどんチャレンジし、都市や社会を発展させるような人財も必要です。

その人の性格やタイプによって、仕事の向き不向きはありますが、ダメなのはやる気がなかったり、常に後ろ向きな人です。私はよく職員に提案や指示をするのですが、いちばんがっかりするのは、できない理由ばかり並べて、何もやろうとしない後ろ向きな態度です。

事あるごとに「できない理由を並べるのではなく、どうしたらできるかを考えてくれ」と伝えてきましたが、組織全部が変わることはありません。ただ、私の方針を理解してくれている前向きな職員は、「どうしたらできるか」を考えて、積極的に対応をしてくれます。私も言いっ放しではなく、できる限り一緒に汗をかくことにしています。

特に、県や国が障害になって物事が進まないときは、私が率先して解決に乗り出します。国の規則や政省令が足かせとなって、新しい取り組みができない場合など、私の政治人脈を駆使して障害の除去に取り組みます。トップが逃げずに、大きな障害に立ち向かう姿勢を示すことは、組織全体の引き締めに必要だと思います。

「してみせて、言って聞かせて、させてみて、ほめてやらねば、人は動かじ」。これは山本五十《いそ》六《ろく》連合艦隊司令長官の有名な言葉ですが、上に立つ者が口だけでなく、汗をかくことが重要であることは論を俟《ま》ちません。職員の皆さんには、「営業とケンカ（言葉は悪いですが）が私の役割だから、営業や県や国との調整事項があれば、遠慮なく言ってきてください」ということを市長在任中、ずっと言い続けてきました。

人を活かすためには、まずリーダーの率先垂範が必要だと思います。

上杉鷹山公の治世を目指す

市長就任時の所信表明で、上杉鷹山《ようざん》公のような治世を目指したいということを申し上げました。上杉鷹山公は江戸時代の名君中の名君であり、ジョン・F・ケネディ大統領が、最も尊敬する日本人と語ったことは有名です。

鷹山公の功績は、破綻寸前だった米沢藩を、さまざまな改革の末、見事に蘇《よみがえ》らせたことです。

鷹山公が家督を継いだ当時の米沢藩は三十五万石の石高でした。決して小さくはないのですが、もともと上杉家は百二十万石の大大名でした。それが徳川家に敵対したことによって、三十五万石まで石高を減らされました。

石高が減ったなら、それに見合った経営をすればよかったのですが、藩士の数も藩の財政運営も百二十万石のときのまま何も変えなかったため、借金が膨大に積み重なり、藩が取り潰される間際でした。惨憺《さんたん》たる状況だった米沢藩を引き継いだ鷹山公は、徹底した質素倹約や行財政改革を断行し、藩の財政を立て直します。当然鷹山公の荒療治に反発する藩士も数多くいましたが、時には反対派を死罪にするなど、妥協を許さない断固たる対応を貫き、改革を成功させました。

「出」を抑え、「入」を増やす

一方、産業の育成にも熱心に取り組み、農業の生産性の向上を図るとともに、成島焼《なるしまやき》、米沢織物などの名産品を開発し、藩の経済を富ませることにも力を尽くしました。

成功までの過程では、数々の苦労も経験されており、鷹山公の功績を一言で表現するのは心苦しいのですが、あえて言うならば、徹底した行革で「出」を抑えると同時に、産業育成で「入」を増やしたということになるのではないでしょうか。

そこで私も、鷹山公の治世を引き合いに出しながら、行財政改革の推進で、浜松の財政を健全化するとともに、産業政策で地域経済を活性化することに心血を注ぐという決意を表明しました。そして市長在任中、この路線は一貫して堅持してまいりました。

浜松市は日本の縮図——市域面積の半分が過疎指定地域

浜松市は平成の大合併が進んでいた二〇〇五年に、天竜川以西の一二市町村が合併して、新浜松市となり、二〇〇七年に政令指定都市に移行しました。人口は約八〇万人。面積は、全国第二位の一五五八㎢です。どれくらいの広さかわかりづらいと思いますので、伊豆半島と比べてみると、伊豆半島の面積が一四二一㎢ですので、伊豆半島より約一四〇㎢も大きいことになります。

合併により、中山間地域から都市部まで、あらゆる特性を持った地域が一緒になり、自然も山、海、湖、川などあらゆる自然特性を有しますし、産業も第一次産業から第三次産業まで、あらゆる産業が存在します。言うなれば日本をコンパクトに縮めたような都市だということで、都市工学の権威の大西隆先生が、浜松市を「国土縮図型都市」と称されました。一言で浜松市の特徴を表す言葉だと思います。

政令指定都市といえば、横浜や名古屋、大阪のように大都市のイメージがありますが、浜松市

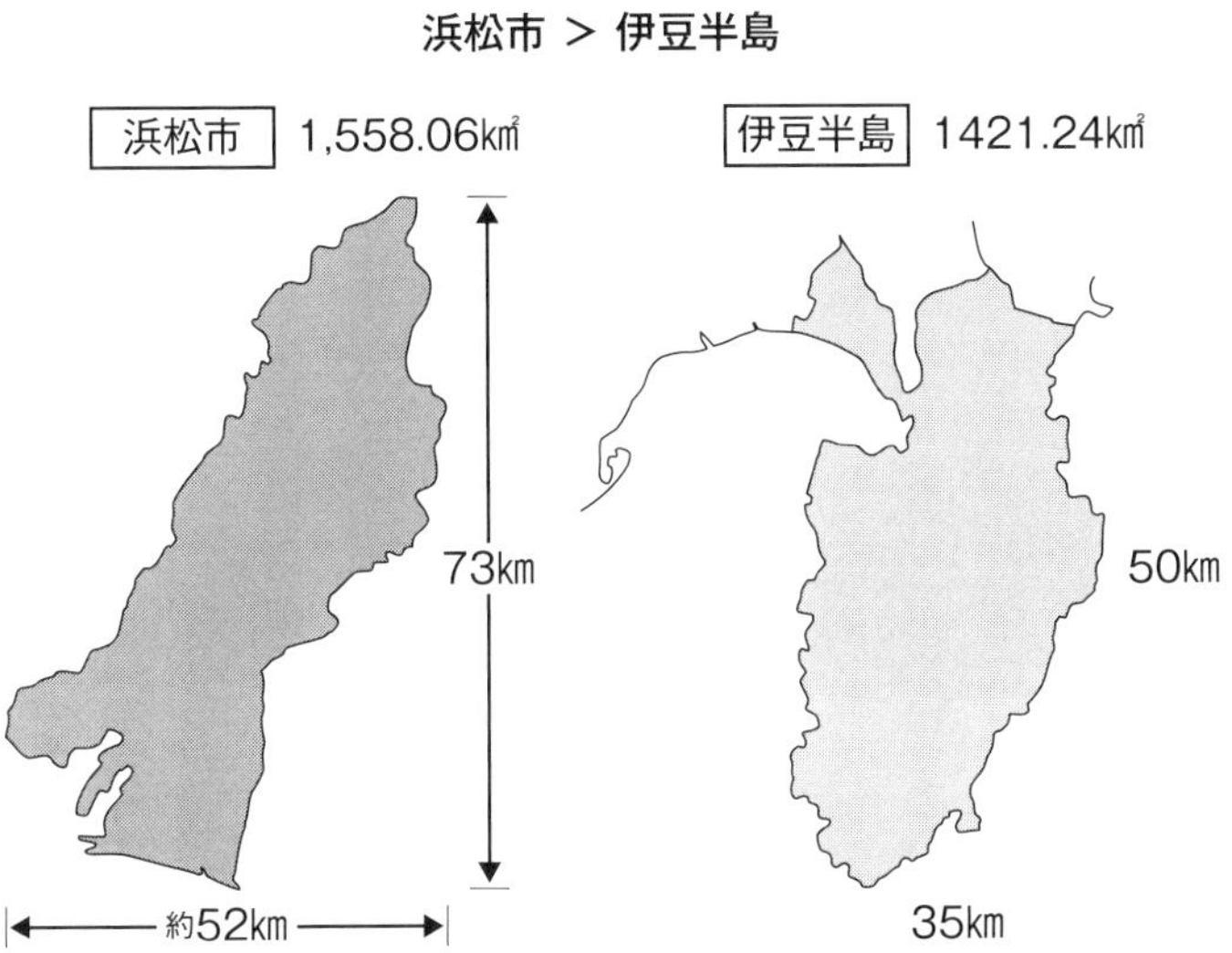

はそうした大都市とは全く異なります。市域面積の半分が中山間地域で、これまで「みなし過疎指定」を受けていました。要は市の面積の半分を占める広大な過疎地域を抱えた都市だということです。むろん政令指定都市で、過疎地域を半分も抱えた都市は他にありません。したがって、過疎地域の代名詞となっている限界集落（高齢化率が五〇%を超える集落）は、現在二〇九集落あります。全国比較したことはありませんが、おそらく日本一ではないかと思います。

道路延長八五〇〇㎞は断トツの日本一

インフラも膨大で、市が管理する道路延長は、約八五〇〇㎞で断トツ日本一です。第二位の横浜市が約七六〇〇㎞ですので、いかに道路が多いかということがご理解いただけると思います。都道府県を含めても、浜松市より多くの道路を管理しているのは、北海道の約一万一〇〇〇㎞しかありません。しかし北海道は浜松市の面積の五四倍ですから、浜松の道路資産の多さは群を抜いています。橋も約六〇〇〇という途方もない数を維持・管理しています。公共施設も合併時には二〇〇〇を超えていました。

浜松市の経営がうまくいけば全国のモデルになれる

市域面積の半分が過疎地域という広大な条件不利地域や、膨大なインフラを抱えた浜松市は、多額の維持コストがかかるのではないかということが、容易にご想像いただけると思います。たしかに何の努力もしなければ、毎年多くの維持費用を支出しなければなりません。

しかし逆に私は、「そんな厳しい環境にさらされている浜松市の経営がうまくいけば、全国のモデルになれるのではないか」と考えました。逆転の発想です。条件の不利な浜松市ができれば、他都市もできないはずはないという理屈です。市長在任中、終始そうした思いで、浜松市の経営に取り組んできました。本書でご紹介するさまざまな施策は、その成果です。

第二章

財政の将来負担率が黒字になった

土日返上で勉強会を開催

浜松市行財政改革推進審議会、通称「行革審」は、浜松市の行財政改革を進める推進機関です。そもそも私が市長選挙に出馬した最大の理由は、前市長と経済界が行革の方針で対立したことによりますので、行革は最重要課題でした。そこで就任早々、行革審を設置しました。

会長にはスズキ株式会社社長の鈴木修（現・相談役）氏、副会長には、ヤマハ株式会社社長の伊藤修二（当時）氏に就任いただきました。浜松を代表する企業のトップに会長、副会長をお引き受けいただくという重厚な布陣となりました。お二人には、第一次行革審（平成十七年八月～十九年三月）、第二次行革審（平成十九年八月～二十一年三月）の二期、お務めいただきました。

行革審はその後、第三次、四次まで続きましたが、三次四次は、行革の進み具合をチェックするという役割が大きく、ほとんどの行革のメニューは第一次、二次行革審で出揃《でそろ》いました。

役所の審議会の場合、役所が進めようとする施策にお墨付きを与えるようなお飾り審議会が多いのですが、浜松の行革審は全く違います。事務局を設置し、調査研究も行い、実質的な行革の答申をするという本格的な審議会となりました。その意味では、一九八〇年代に三公社の民営化などを答申し、中曽根政権の行革を支えた土光敏夫氏を会長とする臨時行政調査会に似ています。

事務局は、市の職員、スズキ、ヤマハの社員、商工会議所の職員から構成されました。役所だけではなく、民間企業の優秀な社員も加わり、まさに官民挙げた事務局構成となりました。この事務局がまず行革のテーマごとに資料を作成し、勉強会を開催します。多忙な経営者の皆様方が、土日返上で徹底的に資料を精査し、論点を洗い出し、提言をまとめました。この勉強会を経たうえで公開審議会が開かれ、ここでは行革審の委員と浜松市の幹部がそれぞれのテーマについて十分な議論を重ね、その結果が答申に反映されました。

第一次行革審では勉強会が二三回、審議会が一七回、第二次行革審では勉強会が二一回、審議会が一九回開催されました。第一次、第二次通じて、市政全般に関することに始まり、職員定数、外郭団体、資産経営、市債管理など一五二項目の答申を受け取りました。市側は、その答申を行政経営計画などに反映させ、具体的な取り組みを進めました。

以下、テーマごとの成果等です。

定員適正化——余分な仕事も削減

職員定数の適正化は、行革のなかでも重要なテーマの一つです。定数を削減することは、そのまま職員数の削減につながりますので、人件費が抑制されます。さらに人件費の抑制効果は毎年続きますので、行革効果は絶大です。

職員数の削減でもう一つ重要なことは、余分な仕事がなくなることです。職員を減らして、仕事の量もそのままであれば、いずれ歪みが生じます。しかし決してそうはなりません。必ず無駄な仕事はなくなりますし、事務なども効率化されます。

事務量に対して、これだけの人数が必要だという絶対的基準はありません。もちろん数だけの問題ではなく、一人ひとりの職員の能力の差もありますので、全く遊びのない組織をつくることは不可能ですが、相当程度スリムにすることはできると思います。アメリカの企業などで時折、万単位のリストラをすることがありますが、それでも会社は回ります。余剰人員の削減に加えて、同時に大胆な業務の見直しや事務の見直しを実施しているのだと思います。

定員適正化計画——一二〇〇億円の財政削減効果が

定員適正化といっても、アメリカの企業のように、現役職員をリストラすることはできません。どうするかと言えば、毎年一定数退職者が出ますので、その数と新規採用者の数を調整して職員定数を削減していきます。ある年だけ一気に採用を減らすこともできませんので、市では、「定員適正化計画」というものを作成し、計画的に定員を削減してきました。

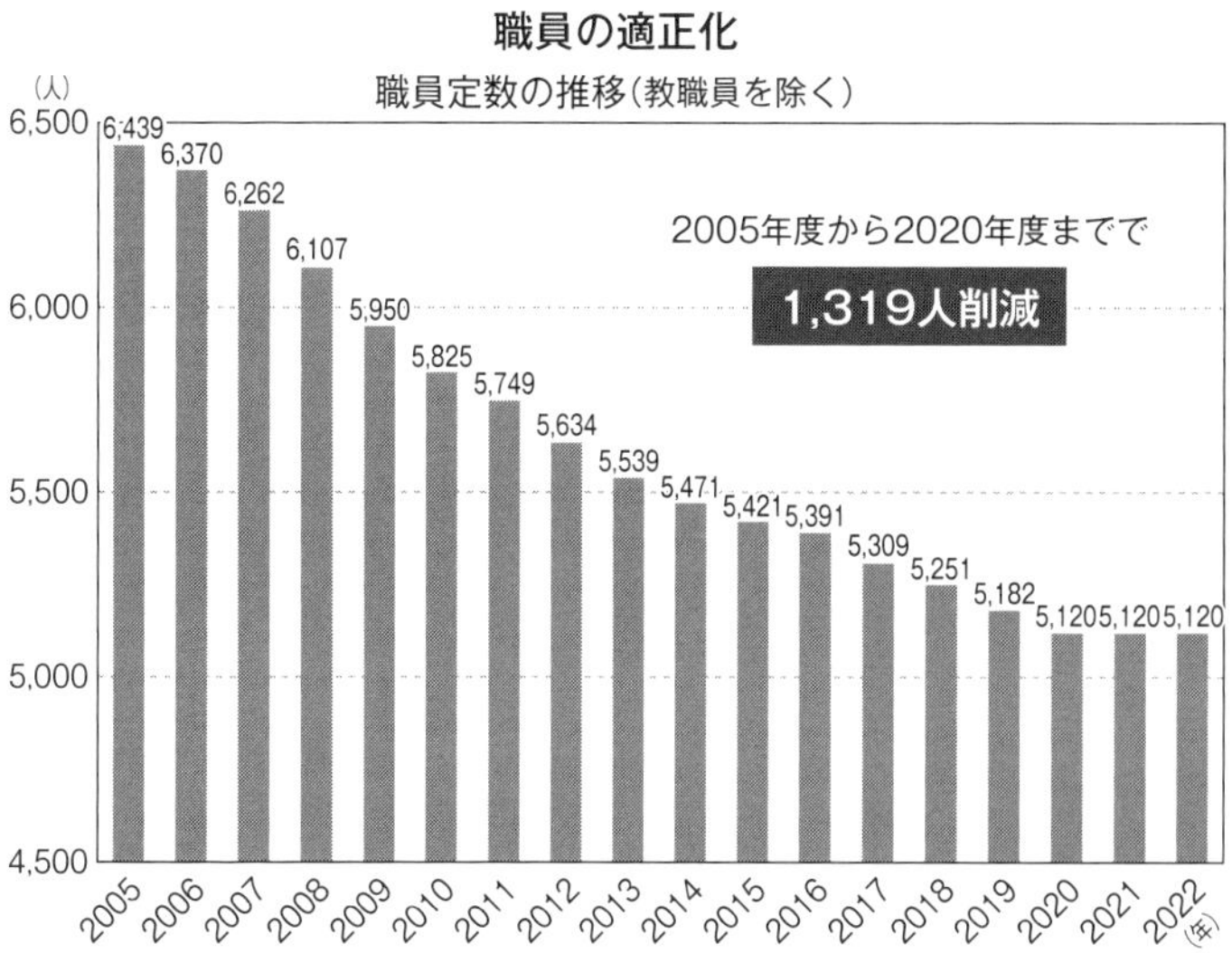

その結果、二〇〇五年度から二〇二〇年度までの間に、六四三九人から五一二〇人まで、一三一九人の定員を削減しました。行革審の答申が五〇〇〇人体制ですので、もう少しで答申目標を達成できるところまできています。財政効果額は、累計で約一二〇〇億円の削減効果がありました。

ローカル・ガバメント・トランスフォーメーションの大転換

今後はデジタル化やRPA（ロボットによる業務自動化）などの先端技術の活用によって、いっそう事務事業の効率化が図られていきますので、さらなる定員の削減が可能になると思います。

DX（デジタル・トランスフォーメーション）の成功のためには、CX（コーポレート・トランスフォーメーション）が必要だ、つまり企業の体質を根本的に変えなければ、デジタル化は成功しない、と喝破したのは、私の尊敬する冨山和彦《とやまかずひこ》（株式会社経営共創基盤グループ会長）さんです。私はそこからヒントを得て、自治体のデジタル化成功のためにはＬＧＸ（ローカル・ガバメント・トランスフォーメーション）が必要である、と主張しています。自治体も、従来の発想や体質を大転換させなければなりません。

定員についても、デジタル化とともに大胆な見直しが必要です。極論すれば今後、事務作業はすべてＡＩやＲＰＡが行い、人間は企画や市民サポートのような生産的な仕事に特化する時代が、すぐそこまで来ているのではないかと思います。そうなれば、従来の定型作業をこなす事務型の仕事から、答えのない発想型の仕事が中心になりますので、自《おの》ずと職員の意識や発想も切り替えていかなければなりません。それが私の主張するＬＧＸです。

公会計改革――資産と負債の状況が把握できない

公会計改革に関する行革審からの答申は、「新公会計制度で作成された財務諸表を政策決定に活用すること」というものでした。これまで地方公共団体等の官庁会計は、単式簿記・現金主義会計により処理されてきました。しかし、こうした従来の会計の仕組みでは資産と負債の状況が把握できず、そのため将来を見通した財政運営ができないという問題がありました。

そこで浜松市では、早い段階で公会計改革に取り組んできており、固定資産台帳をはじめ、民間で導入している複式簿記・発生主義会計の仕組みを導入しました。これにより資産と負債の状況が正確に把握できるようになり、長期的視野に立った財政運営が可能となりました。複式簿記・発生主義会計は特に公共施設の統廃合などの資産経営において有効であり、減価償却といった民間では当たり前の概念も根付かせました。

後述する笹子《ささご》トンネルの崩落事故が発生したあと、全国的に老朽化するインフラや公共施設等の問題が顕在化してからは、すべての自治体が「公共施設等総合管理計画」を策定し、長期的にインフラの維持・更新を実施しなければならなくなりました。その前提として、正確にインフラや公共施設の資産価値や財務状況を把握しておく必要があり、公会計改革も一気に進みました。

ただし、会計制度を変えても、それを十分に使いこなさなければ宝の持ち腐れです。浜松市の行革審の答申は、「新会計制度で作成された財務諸表を政策決定に活用すること」でしたが、全国の自治体で、どこまで財務諸表を自治体経営に活用しているかどうかは、はなはだ疑問です。まずは経営者である首長の意識が変わらなければなりません。

長期的な資産経営に取り組む――ファシリティマネジメント大賞を受賞

前述したように、浜松市は二〇〇五年の一二市町村の大合併で、広大な市域面積と共に、膨大なインフラや公共施設を抱えるようになりました。これらを未来永劫《えいごう》維持していくことは不可能です。行革審からも、「公共施設の機能や耐用年数について見直しを行い、必要性が低い施設については、売却も含めた処分を行い、資産をスリム化すること」という答申を受けていました。そこで将来を見据えた長期的な資産経営に取り組むことにしました。

そのために公会計改革を実施し、固定資産台帳などを整備したことは前項でご紹介しましたが、公共施設の統廃合などの資産経営を推進していくために、二〇〇八年四月、財務部内に「資産経営推進課」を設置しました。そして翌二〇〇九年は「浜松市資産経営推進方針」を策定し、「財産管理」から「資産経営」という考え方を明確にするとともに、浜松市の保有する全二〇〇一施設の課題や継続の必要性などを整理し、「浜松市公共施設再配置計画基本方針」を公表、施設の統廃合等の取り組みを始めました。

二〇一二年には、組織体制整備や公共施設の評価方法の確立、実施成果等が高く評価され、公益社団法人日本ファシリティマネジメント協会が主催する「日本ファシリティマネジメント大賞」で、最優秀賞を受賞しました。このころまでには、浜松市の取り組みは自治体のなかでも先進的という評価が広まっていましたが、同年十二月、中央自動車道笹子トンネル（山梨県大月市）内で天井のコンクリート板が一三八mにわたって落下し、車三台が巻き込まれ、九人の方が亡くなるという大惨事が発生しました。

この事故を機に、インフラや施設の老朽化が全国的な問題に発展し、二〇一四年一月に総務省は全国の自治体に対し、長期的な維持管理計画である「公共施設等総合管理計画」の策定を指示しました。現在はすべての自治体が計画を策定し、長期的な資産経営は当たり前の考え方になりましたが、問題は個別計画とその実行です。

「総論賛成、各論反対」への対応

インフラや公共施設の問題ほど、「総論賛成、各論反対」に陥《おちい》る問題はありません。今後ますます厳しくなる自治体経営のなかで、老朽化するインフラや公共施設をすべて維持・更新していくことが不可能なことは、市民の皆さんもご理解いただいています。しかし統廃合の対象が、身近で馴染《なじ》みの施設となると話は別です。必ず反対の声が上がります。この各論反対の声のなかで、計画を進めることは、厳しい仕事となります。

浜松市の場合も、合併により二〇〇〇を超える施設を抱えるようになりましたので、浜松市公共施設再配置計画により統廃合の取り組みを進めましたが、道のりは決して平坦ではありませんでした。年間数十人しか訪問しないような観光施設などは、稼働率に対する維持費などを説明すれば、廃止の理解を得ることは難しくありませんでした。

問題は、住民が日常利用している体育館やホールのような施設です。一二市町村が合併した浜松市は、旧自治体ごとにほぼフル装備で施設を有していました。したがって近接した場所に、体育館やホールが、複数存在することは珍しくありませんし、それぞれ稼働率が五〇％を大きく割り込んでいたりもします。そうなれば当然二つを一つに統合することが合理的です。

そこで、それぞれの施設の築年数や老朽化の度合い、維持費などを比較し、統合案を策定しますが、廃止される施設利用者からは、残すべきだという反対意見が寄せられます。そこで修繕時期が来るまでの数年の廃止猶予期間を設けるなどの条件を提示しながら、粘り強く交渉します。

ある体育館廃止のときは、「高齢者が体力づくりで利用している。高齢者は交通手段がなく、別の施設へ通えないので、廃止はまかりならん」という地元からの反対がありました。調べると、高齢者の数はごく少数であったので、廃止の条件に送迎用のバスを用意することにしました。しかし案の定、バスが利用されることはほとんどありませんでした。送迎バスよりも自家用車の乗り合いなどで移動したほうが便利なので、皆さんそうされました。不思議なもので、一年くらい経《た》つと反対の声は消え、何事もなかったかのように落ち着きます。いっときの反対に屈していると、施設の統廃合は進みません。

困難を極めた学校統廃合

統廃合でいちばん難しいのが学校施設です。学校には、卒業生の数々の思い出や地域のプライドなどの複雑な思いが詰まっていたり、学校が存在することによってコミュニティが維持されているといった地元感情もあるので、反対の声は尋常ではなく大きくなります。

学校統廃合で最も重要視されなければならないのは、子供たちの教育環境です。決して、合理化のためであってはなりません。子供の数が減少し、一学年数人しか生徒がいなかったりすると、集団生活を経験することもできず、学業にも影響が出ます。

そこで、まず保護者の方やＰＴＡに、そのことを丁寧に説明し、人数の多い学校への転校をご理解いただきました。そのうえで、地元への説明を行い、廃校への理解を得ます。この手続きも丁寧に進めなければならないので、時には数年の歳月を要することもあります。

学校の統廃合で有効な手段となるのが、「小中一貫校」あるいは「義務教育校」と呼ばれる学校です。一つの学校で九年間を過ごすもので、小中の区切りがないので、中学校の環境になじめない「中一ギャップ」を防ぐことができますし、数々の教育上のメリットもあり、全国的に導入が進んでいます。浜松市でも小中一貫校への移行を進めており、生徒の数が多くて物理的に一つにできない場合は、小中連携のなかで、小中一貫教育を進めています。

小中一貫校への移行は、中山間地域や中心街など、生徒が激減している地域の学校再編では有効な手段となります。

一つの例をご紹介します。私が市長に就任する以前から、街中のA小学校とB小学校の合併の話が持ち上がっていました。どちらも長い歴史を持つ伝統校で、有力な卒業生を数々輩出するなど、地域のなかで大きな存在感を示していました。

しかし、次第に住人の郊外への転出が進み、どちらも生徒が減少し、単独で学校を維持していくことは、教育環境からも好ましくないという判断のもと、学校統合の話が持ち上がりました。話し合いは平行線を続けました。どちらも地域を代表する伝統校だという自負があるため、お互い一歩も譲りません。このまま続けていても、永遠に折り合いはつかないだろうと思われました。

そこで、大きく方針を転換することにしました。A校、B校の進学先となるC中学校との小中一貫校をつくることを突破口としました。まずは、C中学校と距離の近いA校との小中一貫校を提案し、子供たちの教育環境の向上が期待できるということで、A校を廃校とし、C中学校に小中一貫校をつくることが決まりました。

問題は、B校をどうするかに絞られました。C中学校までは少し登校距離のあるB校には、物理的に離れている小学校と中学校の連携を図る小中一貫教育を提案しました。すると、想定はしていましたが、B校関係者から、A校との差ができることに不満の声が寄せられました。協議の結果、B校もC中学校と統合することになり、廃校が決まりました。けっきょくA校とB校の統合問題は、C中学校との小中一貫校をつくることで決着しました。学校の統廃合は、「子供たちの教育環境をどうしていくのか」ということを軸に、粘り強く協議していくことが重要です。

六五六の施設を廃止

施設の統廃合の取り組みをご紹介してきましたが、この問題は、常に「総論賛成、各論反対」との闘いとなります。最近は住民の意見を集約し、結論を導き出すさまざまな方法が提案されていますので、そうした技法を活用することも有効な手段だとは思います。

しかしどんな方法を用いても、反対勢力は残ります。満場一致はありません。そこで誠意をもって粘り強く議論していくことは大事ですが、最後は首長が腹をくくって決断するしかありません。自治体の将来を考えたら、インフラや公共施設の始末は、決して避けて通れません。

二〇〇九年度から二〇二一年度までの公共施設の統廃合の取り組みの結果、六五六の施設を廃止し、年間の維持費を一〇億円以上、五十年間の更新・改修経費を一三五〇億円削減しました。ずいぶん成果は上げましたが、これでも道半ばです。今後も取り組みを継続していかなければなりません。

外郭団体改革――夕張市破綻の教訓

自治体には多くの外郭団体があります。行革審からの答申は、「団体の存在意義をゼロベースで見直し、統廃合を進めること。団体の経営を健全化し、自立を促すこと」というものでした。

外郭団体に焦点が当たり始めたきっかけは、夕張市の破綻がきっかけであったと思います。

夕張市は、石炭産業が斜陽化し炭鉱が閉山になったあと、観光産業に活路を見出《みいだ》します。市の外郭団体として第三セクターを設立し、テーマパークなどの施設を次々に開発し、観光に力を入れます。しかし身の丈を超えた過剰な投資は、夕張市本体の財政を苦しめ、けっきょくは多額の負債を抱え、破綻に追い込まれます。自治体の破綻は前代未聞の出来事であり、当時は全国に衝撃が走りました。この事件以降、自治体は市債などの負債に加え、外郭団体への債務保証などの財政リスクも開示しなければならなくなります。

浜松市では二〇〇六年度には二三あった外郭団体を、二〇二一年度までに土地開発公社など九団体を廃止し、一四団体に削減しました。

第三セクタービルの改革――外郭団体への債務保証がゼロに

外郭団体改革で思い出深いのは、フォルテという第三セクターで開発したビルの清算です。このビルには、民間のテナントと公の施設が同居していました。調べてみると、民間施設よりも公の施設のほうが高い家賃を負担していました。市が相場以上の家賃を支払い、赤字転落を阻止し、採算を維持していたのです。フォルテを廃止し、民間に売ることを決断しました。

フォルテの経営は、浜松都市開発株式会社という第三セクターが経営をしていましたので、この会社を清算しなければなりません。そのためには、市は多額の出資金を放棄しなければならなかったのですが、出資した民間企業にも放棄をお願いしなければなりません。

難色を示す会社もありましたが、将来のことを考えれば、早めに処理をしておいたほうが得策であることを説明し、債権放棄をしていただきました。建物は解体し、跡地は隣接して営業をしていた地元のデパートに売却をし、新たにデパートの別棟が建てられました。今では民間の力ですっかり蘇っています。

こうした改革により、市の外郭団体への債務保証はゼロになりました。さらに二〇一九年度までに、すべての外郭団体が借入金を返済してしまいましたので、無借金になりました。今は外郭団体全体が、きわめて健全な財務状況です。

中期財政計画による計画的な市債の削減

「市債、企業債の公債費についてできるだけ抑制し、公債残高の削減を図ること」というのが、行革審からの答申でした。

答申もさることながら、後世にツケを残さないように借金を減らすことは、松下幸之助氏の教えでもありましたので、市債の削減には特に力を入れてきました。

浜松市では、中期財政計画を策定し、計画的に市債を削減する取り組みを始めました。第一期の中期財政計画は、二〇〇七年度から二〇一四年度までの八年間を計画期間とし、「市債残高五〇〇〇億円未満、実質公債費比率一三%以下」という目標を設定しました。結果は、五六六三億円あった市債を四九〇四億円まで削減し、実質公債費比率は、一七・六%から一〇・二%まで改善し、大幅に目標をクリアしました。

第二期は、二〇一五年度から二〇二四年度の十年間を計画期間とする計画を策定しました。目標は、「市民一人当たりの市債残高を五五万円以下にする」というものです。二〇二一年度までで、市民一人当たりの市債残高は五八・九万円から五四・四万円となり、計画期間を残し、目標を達成しました。これは政令指定都市で二番目に少ない額です。

市債全体では、二〇〇六年度には五六三二億円あったものが、二〇二一年度には四三一八億円になりましたので、私の任期中に一三一四億円の市債を削減したことになります。

将来負担比率が「マイナス四二・二%」に

市債の削減とともに財政指標も大きく改善しました。注目すべき財政指標に、将来負担比率という指標があります。これは夕張市が破綻した事件を受け、総務省が毎年自治体に開示を義務付けたものです。

夕張市の破綻原因は、外郭団体への多額の債務保証であったことから、将来負担比率は、公債に加え、外郭団体などへの債務保証などすべての財政リスクを明らかにするものです。計算方式は複雑ですので省略しますが、簡単に言えば、公債などの自治体の直接的な負債に、外郭団体への債務保証の額を加え、そこから充当可能財源という自治体が使えるお金を引いた額を、自治体の財政規模で割って、一〇〇を掛けた数字になります。

市債残高の状況

2021年度末市債残高 4,318 億円（前年度比126億円の減）

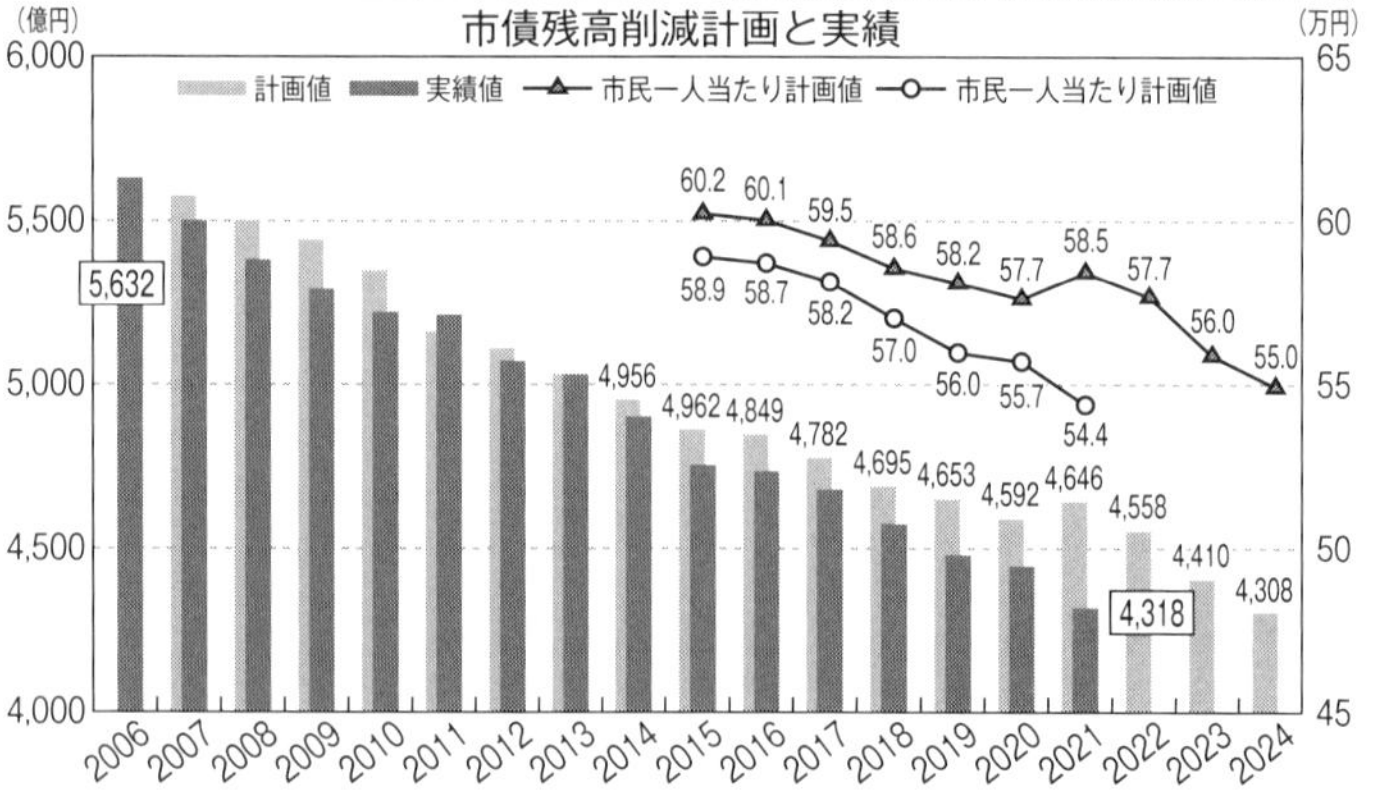

- 市債残高は2006年度から2021度までの15年間で1,314億円（23.3％）の減
- 市民１人当たりの市債残高は政令指定都市のなかで２番目に少ない

したがってこの値が大きければ大きいほど、将来の財政リスクが高いということになります。総務省の基準では、四〇〇％を超えると危険水域とされています。つまり、すべての負債が自治体の財政規模の四倍以上になると危ないということです。

結論から言えば、浜松市の将来負担比率は、二〇一四年度にマイナスに転じ、直近の二〇二一年度の数値は「マイナス四二・二％」です。マイナスは黒字を意味します。マイナス四二・二％は、額に直すと八五〇億円の黒字ということになります。

二〇一九年度に岡山市がマイナスに転じるまで、マイナスは浜松市のみでした。むろんマイナス四二・二％は、政令指定都市のなかでは、圧倒的に健全な数値です。

財政の健全性

――政令指定都市比較――

財政状況の健全性は、政令指定都市のなかでトップ水準

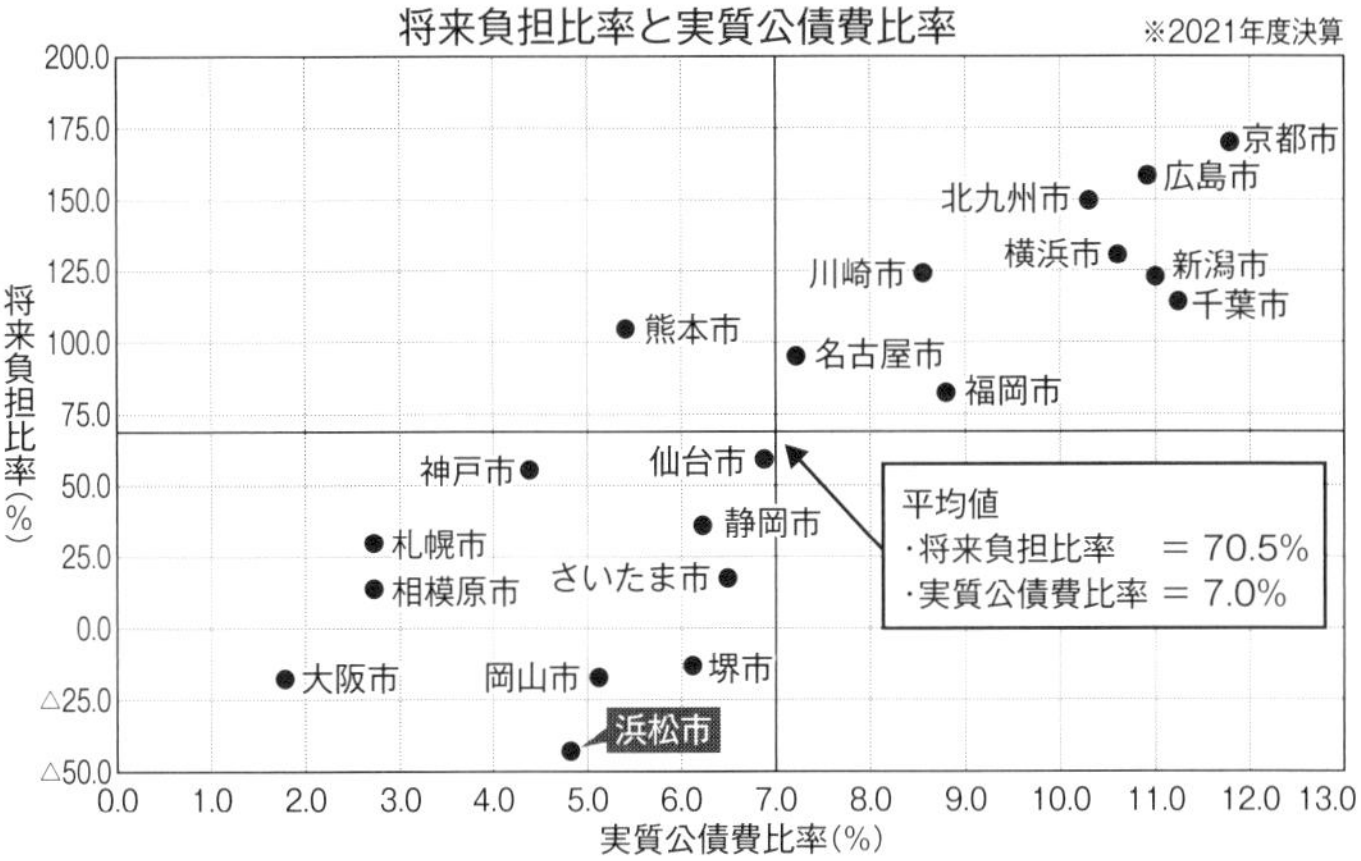

この状態をさらに向上させていけば、浜松市は、少々の不測の事態が生じても大丈夫です。たとえば今後、南海トラフの巨大地震が発生することが確実視されていますが、こうした大規模災害にも、財政面から迅速な対応ができます。健全財政は常に維持しなければなりません。

前述したように、私は国の財政状況に大きな危機感を抱いています。一刻も早く健全財政を実現しなければなりません。そうしなければ手遅れになり、将来に大きな禍根を残すことになります。自分自身の市政運営の経験から、やる気さえあれば、必ずできると確信しています。

改革の途上では大きな痛みも伴いますが、今の状況を招いてしまった私たちが、それを受けるしかありません。志の高い国会議員の皆さんの奮起を期待します。

行政区の再編――時代錯誤的な地方自治法の規定

行政区というのは、政令指定都市特有の制度です。昭和三十一（一九五六）年に政令指定都市制度ができたときに、地方自治法が改正され、区に関する規定が盛り込まれました。

具体的には地方自治法二五二条に、「指定都市は市長の権限に属する事務を分掌させるため、条例で、その区域を分けて区を設け、区の事務所（いわゆる区役所）を置くものとする」と規定されています。そして第二項には、「区の事務所又はその出張所の位置、名称及び所管区域は、条例でこれを定めなければならない」と規定されています。

要するに法律で定められているのは、区制を敷くことと区役所を設置するということだけで、一区当たりの人口基準だとか、区役所の所管する事務など、具体的な内容はすべて条例で決めるということになっています。したがって政令指定都市といっても、区の数もバラバラですし、区役所の権限や事務内容もまちまちです。

同じ静岡県内の政令指定都市を比べても、静岡市は清水市との二市合併で政令指定都市になった市なので、旧静岡市を旧清水市のサイズに合わせて二つに分割し、三区としました。

区役所の新設と職員の分散に強烈な違和感

一方の浜松市は、一二市町村という多くの自治体が合併して政令指定都市になったので、合併時のさまざまないきさつによって、七区になりました。その結果、旧浜松市の区域は四つに分割され、新しい区役所を三つも新設しました。

合併以前は、人口六〇万人の浜松市を、一つの市役所とサービスセンターなどの出先機関で運営していて、何の問題もなかったのですが、七区にしたばかりに、区役所の新設と職員の分散が起こりました。当時私はこの出来事に、強烈な違和感を抱いたことを覚えています。実に無駄だと感じました。

政令指定都市制度ができた昭和三十一年から六十五年以上が経過し、政令指定都市の数が増え、それぞれ規模も違えば、特性も異なるようになりました。そこで私は総務省に対し、地方自治法を改正し、「区域を分けて区を設け、区の事務所を置くものとする」という規定を、「区域を分けて区を設け、区の事務所を置くことができる」というように、「できる規定」に変更することを提言しました。

「できる規定」になれば、区は必要ないという政令指定都市は、区制を採用する必要がなくなります。しかし、いまだ改正の動きはありません。

区役所を廃止しても建物やサービスはなくならない

総務省への働きかけと併せて、浜松市では行革審の答申に基づき、二〇一一年から行政区の再編に着手しました。しかし道のりは多難でした。行政区再編には、賛成ばかりではなく、反対も根強かったからです。

反対の理由はいろいろ挙げられましたが、本音のところは、旧市町村の枠組みを区割りに残したため、再編によってその枠組みが崩されることへの心理的な反対が大きかったと思います。もう一つは区域が変わると、地方議員選挙の選挙区が変わるので、変わることによって選挙が不利になると思われる議員の反対もありました。

表向きの反対の錦の御旗は、「区役所が減ると市民サービスが低下する」というものでした。二〇一九年には、統一地方選挙と一緒に、行政区再編に関する住民投票を実施しました。結果は、賛成が反対を若干上回りましたが、ほぼ拮抗《きっこう》状態でした。そのときも反対派は「市民サービスが低下する」というネガティブキャンペーンを徹底的に行いました。

再編で区役所を廃止しても、建物もサービスもなくなるわけではありません。廃止される区役所は、条例設置の「行政センター」として残し、窓口サービスなどの市民サービスもすべて継続する方針ですので、市民サービスが低下することはありません。私たちは、このことを懸命に訴えましたが、「区役所がなくなる」というキャンペーンのほうが強烈でした。

『北風と太陽』さながらの転換

選挙後は方針を一転させました。それまでは反対派の議員とは徹底抗戦でしたが、方針転換し、個々の議員と丁寧に議論することにしました。

話をしてみると、反対派も一枚岩ではないことがわかりました。むろん何が何でも反対という議員もいましたが、行政区再編には反対ではないが、私の態度に反発していたという議員も少なからずいました。そうした議員には、これまでの非礼を詫《わ》び、区再編の意義を改めて説明しました。

取り組みを進めていくと、潮目が変わり始めました。反対派議員のなかから賛成してくれる議員が増えていきました。そして、ついに二〇二〇年九月の議員全員協議会での議員投票の結果、「区再編は必要」という決定がなされ、再編に向けて大きく動き出しました。イソップ物語の『北風と太陽』さながらです。それまでの強硬路線から柔軟な太陽路線に転換したことが功を奏しました。

二〇二二年五月には、行財政改革・大都市制度調査特別委員会で、七区から三区への再編案が決定し、条例制定への手続きが始まりました。二〇二二年十一月、行政区画等審議会へ区の名称等を答申し了承を得ました。

これで準備はすべて整い、二〇二三年二月の市議会定例会へ「区設置等条例」を上程し、議決されました。ついに行政区再編が正式に決定されました。今後事務的な作業を進め、二〇二四年一月一日から新しい三区での市政がスタートしました。

日本初の行政区再編

ここに至るまで、取り組みを始めてから実に十年以上の歳月がかかりました。多くの時間と労力を費やしましたが、大阪都構想での行政区再編が断念されたことにより、浜松市の行政区再編は日本初の取り組みとなりました。

行政区再編による当面の財政削減効果は、七億円程度です。しかし今後、人口減少やデジタル化が進み、大きな組織が必要なくなれば、行政センター等の組織を再編することによって、さらに大きな財政効果を得ることができます。

「時代の変化に合わせた柔軟で効率的な組織運営と住民サービスの向上を目指すこと」が、行政区再編の目的でした。地方自治法が改正され、区が必置義務でなくなれば、区制を廃止することができますが、法律がある以上、現在は二区以上の区を設けなければなりません。地方のことは地方が決める、という自治の原則に立てば、時代錯誤な地方自治法の規定は、早急に是正してほしいと思います。そして他の政令指定都市でも浜松市と同様、行政区再編の取り組みが進むことを期待します。

自治体のなかで最も高いムーディーズの格付け

最後に行財政改革の取り組みの結果、ムーディーズの格付けに、どう成果が表れているかをご紹介します。

都道府県と政令指定都市は、市場で公募債を発行できる資格があり、多くが県債や市債を発行しています。そうした債権は、証券会社や銀行に引き受けてもらうため、ＩＲ（インベスター・リレーションズ）という活動を行います。これは企業が株主や投資家向けに経営状態や財務状況、業績の実績、今後の見通しなどを広報するための活動を指しますが、自治体の場合も同様です。

浜松市も年に一回程度、証券会社や銀行の方をお招きしてＩＲを実施します。本市の場合、私自身が市の取り組みや財務状況をご説明しますが、その際客観的な評価指標として、格付け機関の評価を発表します。

国際的な格付け機関としては、ムーディーズやS&P（スタンダード・アンド・プアーズ）などが有名ですが、浜松市はムーディーズに格付けの依頼をしています。結論から言うと、浜松市はムーディーズが評価する自治体のなかで、最も高い評価を頂いています。

その評価理由は、①優れた財政規律に支えられた高い財政パフォーマンス、②堅実な財政運営の実績に示される強固な行財政運営、③国内比較で、最も低い債務負担比率（純債務・保証債務／経常歳入が、一〇〇％を下回る唯一の国内格付先団体）というものです。

権威ある国際的格付け機関からも高い評価を頂いていることは、浜松市の取り組みが優れていることの証《あかし》です。

冒頭でも述べましたが、「市域面積の半分が過疎地域という広大な条件不利地域を抱え、道路総延長も断トツ日本一という行政コストのかかる浜松市でも、全国トップレベルの健全な行財政運営ができるとなれば、他の自治体も同様の取り組みは可能である。つまり浜松市は全国のモデルとなれる」。こうした思いで十六年間、行財政改革に取り組んでまいりました。

松下幸之助氏がご存命であれば、どう評価していただけるだろうかと、ふと考えることがあります。僭越《せんえつ》ですが、「鈴木君、中々頑張ったやないか」と誉めていただけるような気がします。

浜松市が今後、ますます健全財政になることを期待します。

第三章　産業の未来を拓く

「先見力」――予言者とリーダーの違い

「先見力」は、経営者にも首長にも必要な資質だと思います。

松下幸之助氏は、「先見性を持てない人は指導者としての資格がない」とおっしゃっていました。

「『これからは、こうなるだろう』という予見も一つの先見性でしょう。しかし同時に『こういうふうにしたい、こうありたい』という理想をもって、その実現に努力することも先見性です」（『プレジデント』一九七九年一月号、プレジデント社刊）とも述べています。

つまり、先を見通すだけでなく、強い意志を持って何かを実現しようと努力することも先見性だとおっしゃっているわけです。まさにそれが、予言者とリーダーの違いではないかと思います。

もう一人の師である鈴木修氏は、誰も出ていかなかったインドへ進出して大成功されました。

「さすが、先見性がありますね」と問われると、「先見性なんてありません。ただ、誰も行かないところへ行けば、一番になれると思っただけです。みんなが進出するアメリカへ出ていっても、トヨタさんやホンダさんには勝てない。しかし、トヨタもホンダも進出していないインドなら、スズキでも一番になれるでしょ」と答えられます。

この答えは、謙遜も含んでいると思います。中国と並ぶ巨大な未開拓市場であるインドに、可能性を感じていなかったはずはありません。しかしそれ以上に、当時のインドでビジネスを成功させるのは大変だったと思います。だから多くの企業が、進出に二の足を踏んだのではないでしょうか。

事実、スズキも何度も危機的な状況に陥りますが、それらを乗り越え、結果的にインドで圧倒的なシェアを勝ち取ります。スズキの成功は、「こうありたいという理想の実現に努力することが先見性だ」という松下幸之助氏の先見性論そのものではないか、と思います。

これからの首長にも、「将来こうありたい」という理想に向けて努力し、それを実現するという先見力が必要です。

次に、先見力を発揮して取り組んできた取り組みをいくつかご紹介します。

産業政策——自立的発展を遂げた唯一の政令指定都市

行財政改革と並んで力を入れてきたのが、産業政策です。就任時の所信で、上杉鷹山公の治世を目指すという表明を行い、行財政改革と産業政策に力を入れることを明らかにしました。

浜松市にとって産業は命です。いろいろな場面で浜松市の話をさせていただくときに、必ず「浜松市は、産業の力で自立的に発展した唯一の政令指定都市である」という話をします。

政令指定都市は二〇市ありますが、そのうちの一五が県庁所在地です。県庁所在地は、黙っていても人・物・金が集まって、発展が約束されます。県庁所在地でない政令指定都市は五つですが、そのうち川崎市、相模原市、堺市の三市は、東京、横浜、大阪といった大都市圏で発展した街です。

県庁所在地でも大都市圏でもない政令指定都市は、北九州市と浜松市しかありません。両者に共通しているのは、産業都市だということです。ただし、北九州市は明治政府の「富国強兵、殖産興業」の方針のもとにつくられた官営八幡製鉄所を中心に、鉄の街として発展してきました。

浜松市はどうかといえば、官営工場もなく、すべて民間の力で発展してきました。本市には、スズキ、ホンダ、ヤマハ、カワイ、浜松ホトニクスなど、錚々《そうそう》たる世界企業がありますが、それらはすべて町工場から始まり、世界企業に成長した企業です。こうした企業を支える中小企業も数多く生まれ、分厚い産業構造が形成されました。

産業政策が命

県庁所在地でもない一地方都市が、産業の力で自立的に発展し、人口八〇万人の政令指定都市になったというのは、他に例がない誇るべき歴史だと思います。

しかし裏を返せば、浜松から産業の火が消えたら大変だということです。県都でもなく、大都市圏でもない浜松市から産業力がなくなれば、街が衰退してしまうことは明らかです。したがって、これからも浜松市の繁栄を維持していくためには、産業政策が最も重要だと考えます。

現在の浜松市は、自動車などの輸送用機器産業を中心としたものづくり産業に支えられています。しかし、いつまでも輸送用機器だけに頼るわけにもいきません。今後は他分野も含め、産業全体を底上げしていかなければなりません。そこで第一次産業も含めて、幅広く産業政策に力を入れてきました。

産業政策は、広範囲にさまざまな施策を行ってきたため、すべてをご紹介することはできませんので、特徴的な取り組みだけをご紹介します。

市外流出のショック

浜松市は合併して広大な市域面積を有するようになりましたが、市域の七割は森林であり、意外に企業誘致に適した用地は残っていませんでした。

一方、生産拡大などを目指す企業が新たな工場用地を求めるニーズが増えていて、市内に見つからない場合は市外へ転出する、という事態が生じていました。

私が市長に就任する前でしたが、浜松市を代表する楽器メーカーのヤマハが、主力のピアノ工場を市外に移転させる、という市外流出の象徴的な出来事が起こり、大変ショックを受けました。

そこで市長就任後、すぐに工場用地の確保に取り掛かりました。しかし、無条件で開発可能な市街化区域はほぼ開発し尽くされ、まとまった用地は見つかりません。一方、浜松市には、開発が制限されている広大な市街化調整区域があります。浜松は工業都市のイメージがありますが、農業生産額第七位という全国有数の農業生産地でもあります。広大な市街化調整区域は、ほぼ農地で埋め尽くされていました。

この広大な農地を一部、工業用地に変えることができれば、問題は一気に解決します。農地が減少すれば農業への影響が懸念されますが、農地面積と農業生産額は単純に連動しているわけではありません。現に、農地はあっても、農業の担い手不足により、耕作放棄されることによって、全国的に農業生産額は減少しています。

農業政策は別途ご紹介しますが、数字だけの農地面積を確保することと、農業の振興は別問題です。集約された農地で、生産性の高い農業を実現すれば、農地面積にかかわらず、農業生産は増えます。農地面積や農家数だけを守ろうとする農業政策は転換しなければなりません。しかし農水省などは、農地の確保に躍起になっているため、他の用途への転用は至難の業《わざ》です。まともに転用を進めようとしても許可されません。

土地の有効利用は、地元がいちばんよくわかっているのですから、地元に任せてくれればよいのですが、すべてにおいて国が規制する日本では、土地利用も自由がききません。

総合特区制度に活路を見出す

そこで、国の総合特区制度に目をつけました。総合特区制度は「産業構造及び国際的な競争条件の変化、急速な少子高齢化の進展等の経済社会情勢の変化に対応して、産業の国際競争力の強化及び地域の活性化に関する施策を総合的かつ集中的に推進することにより、我が国の経済社会の活力の向上及び持続的発展を図る」というものです。

要は、国の成長や国際競争力強化につながるような取り組みであれば、通常ではできない規制の緩和などが認められるようになる、という制度です。

ゼロ回答からのスタート

私たちは新たなものづくりの拠点を形成し、産業競争力を強化するという理念を掲げ、特区指定を受けることにより、スムーズに農地から工業用地への転用を行ってもらおうと考え、「未来創造『新・ものづくり』特区」という計画を策定、国から総合特区の認定を頂きました。

しかし、ここからが大変でした。普通の感覚からすれば、特区の指定を受ければ問題は解決すると思うのですが、国の制度には落とし穴があります。規制緩和をするには、当該規制を管轄する省庁と協議をし、了解を得なければならない、という制約がついているのです。

浜松市の場合、農地を工業用地に転用する規制緩和について、農水省と協議をし、許可を得なければなりませんでした。

そこで農水省に農地転用の許可を申請したのですが、案の定、最初はゼロ回答。つまり浜松市の計画に示された農地転用は、すべて認められないという回答が返ってきました。せっかく特区の指定を頂いたのに、このままでは工業用地の確保ができません。しかし、正面突破は不可能と思われました。

農林水産大臣への直訴

そこで、得意の政治ルートを活用することにしました。当時は民主党政権で、農林水産大臣は山形出身の鹿野道彦《かのみちひこ》氏でした。

鹿野氏は、政界再編以前は自民党に所属され、自民党時代には、若くして大臣等を経験し、将来の首相候補と目されていた逸材です。また、三度農林水産大臣を務めた農林水産行政のベテランでもありました。その鹿野氏とは、衆議院議員時代にお付き合いがありましたので、大臣に直訴することにしました。

鹿野大臣に「総合特区に認定され、一定の農地を工業用地に転用し、浜松のものづくりを強化することを計画していること。一方、農業についても、耕作放棄地の活用による農地の確保と農業の生産性向上などの振興策を考えており、工業、農業共に発展させていくので、浜松市の『未来創造〈新ものづくり〉特区』による農地転用を認めてほしい」ということを訴えました。鹿野大臣は私たちの訴えを認めてくださり、早速、部下に指示を出してくださいました。

空から見た第三都田工業団地

立地誘導地域を勝ち取る

そこから事態が動きました。私たちの主張のすべてが認められたわけではありませんが、一定程度の地域を「工場立地誘導地域」と定め、工業用地として転用できるようになりました。

浜松市内に、三方原《みかたはら》・都田《みやこだ》地区という地域があります。東名高速道路、新東名高速道路に挟まれた台地で、地盤が固く活断層もないため地震に強く、工場用地にはもってこいの場所です。歴史好きの方には、徳川家康公が武田信玄公と戦った「三方ヶ原《みかたがはら》の戦い」の合戦場といえば、ピンとくるかもしれません。

この地域の幹線道路沿いのロードサイドや高速道路インターチェンジ付近などを、工場立地誘導地域に指定し、農地を転用して工業用地として利用できるようにしました。

企業がそれぞれ土地を求めて進出していただくのが基本ですが、それに加え、新東名高速道路三方原スマートインターチェンジ付近に、市が工業団地を造成して企業を誘致する事業も実施しました。第三都田工業団地という名称で、規模は五〇ha弱（五〇haを超えると開発が面倒になるので）としました。

全国トップレベルの三二〇社が進出

折しも東日本大震災が発生し、高台の地盤の強固な土地に引き合いが殺到したことにより、三方原・都田地区には、市内外の企業が続々と進出してくださいました。大手ではスズキが二輪車製造を集約した拠点工場を新設してくれましたし、ヤマハ発動機には、産業用ロボットの製造工場を新設いただきました。

第三都田工業団地には、世界的な産業用ロボットの減速機メーカーであるナブテスコが五〇〇億円を投資し、国内最大となる拠点工場を建設中で、二〇二六年に稼働予定です。おかげさまで、第三都田工業団地は二〇二一年に完売しました。

現在、三方原・都田地区は、浜松の製造業の一大集積地となりました。第三都田工業団地の用地もなくなりましたので目下、新たな工業団地を計画中です。

こうした企業誘致の取り組みにより、市長就任からの十六年間で、延べ三二〇社の誘致に成功しました。全国でもトップレベルの実績だと思います。ナブテスコをはじめ、私自身がトップセールスをした企業もずいぶんあります。今後も企業集積が進んでいくことを期待します。

中小企業の海外進出支援——空洞化は起きていなかった

ものづくりの街・浜松の構造問題として一時期、言われていたのが、空洞化の問題です。私が市長に就任した二〇〇七年ごろは、「企業の生産拠点が海外へ移転して地元での雇用が失われるのではないか。工業都市浜松が衰退してしまうのではないか」といったような懸念が渦巻いていました。たしかに自動車メーカーのスズキやホンダ、そうしたメーカーの有力下請け企業が海外での生産拠点を強化していた時期でした。

しかし調べてみると、見かけ上の工業生産額は減少していましたが、雇用が減り、失業者が増えたり、街の人口が大幅に減少するような兆候は見られませんでした。つまり、俗に空洞化と言われるような現象は起きていませんでした。

むしろ海外へ積極的に進出し、取引を拡大している中小企業は業績が好調で、浜松の本体も元気なのに対し、逆に浜松に留《とど》まって下請け仕事だけをしている中小企業は、徐々に仕事が減って、経営が大変なように見えました。

「何かおかしい。企業の海外進出による空洞化という現象は、起きないのではないのか。むしろ成長著しいアジアの新興国へ積極的に進出し、その成長の果実を取り込んだほうが、企業にとってメリットが大きいのではないか」と考えるようになりました。

そんな考えを持ち始めた矢先、『空洞化のウソ』という本に出合いました。著者は松島大輔さんという方で、経済産業省入省後、二〇〇六年から四年近くインドに駐在し、日本企業のインド進出を支援されたほか、タイ、ミャンマーなどでも、数々のプロジェクトを立ち上げ、アジア経済やアジアにおける日本企業の活動を熟知された方でした。

著書のなかでは、「日本企業の海外進出、特に『現地化』によって日本産業が『空洞化』してきた、という学理的根拠、実証結果はない。そもそも『空洞化』という現象自体がきわめて曖昧かつ直感的な議論しかされてこなかった」という問題提起から始まり、空洞化は起きていない。むしろ新興アジアの成長を活用することは、日本企業の成長や構造改革に大きく寄与するということを、豊富な実例などを紹介しながら解説されていました。

中小企業は海外進出で活路を

事実、海外展開している企業のほうが、国内に留まる企業より生産性や競争力が高くなっています。中小企業庁の調査でも、中小企業が海外進出により売り上げが上がったり、技術や品質が向上したという結果が出ています。おそらく海外では取引先が増え、販売額も伸びるし、扱う製品も多様化するなかで、技術力も向上するのではないかと思います。

私の知っている企業から聞いた話でも、「海外の生産拠点では、親会社の製品も製造するが、新たに海外メーカーなどが取引先となり、扱う製品が増え、売り上げが伸びた。またそうした新規取引先の需要に応えるため、本社の製品開発能力も向上した」ということでした。海外展開の結果、確実に浜松の本社の能力も生産性も向上しています。

『空洞化のウソ』に出合い、自分が漠然と考えていたことが正しかったことを確信しました。中小企業、特に技術やノウハウを持った企業は、積極的に海外展開したほうが成長につながるということで、市の産業施策に「中小企業の海外進出支援」を掲げ、取り組みを始めました。

ただし、市役所が海外進出を後押しするノウハウを持っているわけではありませんので、海外進出を支援しているコンサルと契約して相談窓口を開設したり、商工会議所との連携によるセミナーなどを進めました。

ジェトロ浜松事務所の誘致

そうしたなかで、海外進出を検討している複数の企業から問題提起されたのが「ジェトロの事務所が遠く不便で、なかなか相談がしにくい」ということでした。日本貿易振興機構・通称ジェトロは、貿易、対外投資、海外進出など、幅広く支援を行っている国の機関です。国内事務所はだいたい一県に一カ所で、まだ事務所が設置されていない県もあります。

静岡県の事務所は、静岡市内の清水港に隣接した場所にあり、たしかに浜松や県西部の企業が、頻繁に相談に出かけられる場所ではありませんでした。しかし調べてみると、ものづくりの盛んな県西部の企業の相談件数が、非常に多いことがわかりました。

こうした相談状況を考えれば、浜松市内にジェトロの事務所を設置することは、浜松はもとより、県西部の企業には大きなメリットとなります。しかしジェトロの事務所を静岡から浜松へ移転させることは、県内の地理的バランスからして難しいだろうし、かといって県内二つ目の事務所を開設してもらうことも、ハードルが高そうに見えました。

真の営業は断られてから始まる

ところが調べてみると、一県だけ例外がありました。それは福岡県です。福岡県には、福岡市と北九州市に事務所がありました。ということは、静岡県に二つ事務所を開設することは不可能ではないということで、早速ジェトロに浜松事務所新設を要望しました。

案の定、返ってきた答えは「まだ事務所が設置されていない県もあるなかで、浜松市に県内二つ目となる事務所を開設することは難しい」というものでした。

真の営業は断られてから始まります。当時ジェトロの理事長は、石毛博行さんでした。石毛さんは、経済産業省を退官されたのち、経済産業省が所管するジェトロの理事長に就任されていました。私は衆議院議員時代、経済産業委員会の所属が長く、委員会での活動を通じ、石毛さんと面識がありました。

そこで、理事長に直訴することにしました。石毛さんに直接お会いし、浜松ならびに県西部は、自動車産業などの製造業が盛んなこと、その製造業をさらに飛躍させるため、中小製造業を中心に海外進出を積極的に支援したい。そのために、ジェトロの事務所を浜松に開設してほしいといったことを訴えました。石毛さんと懇意にされているスズキの鈴木修会長にも後押ししてもらいました。

トップセールスは功を奏しました。石毛理事長のご英断で、新たに県内二カ所目となる浜松事務所が新設されることが決まったのです。二〇一四年四月、ジェトロ浜松貿易情報センターがスタートしました。

これまでも県西部の相談件数は多かったのですが、事務所が開くや否や、全国トップクラスの相談件数となりました。石毛理事長も浜松事務所の稼働実績を大変喜んでくださいました。以後、ジェトロ浜松貿易情報センターには海外進出支援のみならず、県西部企業の海外活動や海外投資など、さまざまな取り組みを支援いただいています。

東南アジア三カ国との基本合意書を締結

浜松の企業が多く進出している国は、タイ、インドネシア、ベトナムの三カ国です。当時タイに一〇〇社、インドネシアに六〇社、ベトナムに三〇社ほどの浜松企業が進出していました。

これらの国には、スズキ、ホンダ、ヤマハ発動機、楽器のヤマハ、カワイなど浜松の大企業が進出しており、進出先でサプライチェーンを築くため、有力な下請け企業なども現地法人を設立しました。

今後もこの三カ国は、浜松の企業の進出先として有望なので、それぞれの政府と投資及び経済連携に関するMOU（基本合意書）締結を呼びかけました。三カ国とも浜松の要請に対し、快諾いただきました。

二〇一四年十二月にベトナム計画投資省、同じく十二月にインドネシア投資省、二〇一五年十月には、タイ投資委員会とMOUを結びました。都道府県レベルでは、同様の事例がありますが、市単独で外国政府と投資や経済連携に関する協定を結ぶケースは、あまり例がありません。それだけ相手国にとっても、浜松市は重要な都市として認めていただいたのだと思います。

MOUの内容は、(1)セミナーの開催、経済視察ミッション派遣及び受け入れ等に関しての協力、(2)現地に進出済みの本市企業と政府機関との意見交換会の開催、(3)投資などに関する情報提供及び情報交換、(4)その他、相互連携による継続的な事業実施等々といったものです。要は、「浜松の取り組みや浜松企業の面倒をよく見てください」というのが狙いです。

MOU締結と時を同じくして、それぞれの国の進出企業のコミュニティづくりにも取り掛かりました。

まずはバンコク市、ジャカルタ市、ホーチミン市などで、相手国政府の要人を招いてセミナーや講演会を実施しました。日本側参加者は、浜松から進出している企業の現地責任者、浜松から支店を出している金融機関の担当者などです。

この会合の目的は普段、会えない政府要人などとの人脈づくりです。ＭＯＵを締結した浜松市が招請することで、政府の高官が来てくれます。そこで、それぞれの企業が売り込みを掛けてもらえば、政府への足掛かりができます。こうした取り組みは、市が介在することのメリットの一つです。

会合には、私も必ず出席するようにしました。インドネシアやタイには、国会議員時代からの個人的な人脈があります。特にインドネシアは、若手を中心とした新たな議員連盟をつくった関係で、大臣クラスにも多くの友人がいましたので、私が出席すると、思わぬ大物が顔を出してくれることもありました。

投資や経済セミナーの後は、必ず交流会を開催しました。取引先同士は別として、現地駐在員は意外に交流が希薄です。そこで、こういう機会に駐在員が一堂に会し、交流することはコミュニティづくりに役立ち、とても意義があると感じました。市が主催するということで、集まりやすいということもあります。こうした取り組みは継続が重要です。引き続き官民連携で、海外へ進出した浜松企業をサポートしていきます。

未来を見据えたイノベーションへの取り組み

浜松市には、公益財団法人浜松地域イノベーション推進機構という産業支援機関があります。この財団は、浜松市と静岡県が主に出資している財団で、浜松を中心とした県西部地域の中小企業などを対象に、さまざまな支援事業を展開しています。

主には相談事業で、経営・技術・人材・特許等の相談に対応しています。また、技術や販路開拓などの研究会、異業種交流会などを主催したり、創業支援なども手掛けています。

この種の産業支援機関は都道府県が運営しているケースが多いのですが、浜松地域イノベーション推進機構の他にない特徴は、この組織のなかに、浜松の主要産業のイベーションに取り組む次世代自動車センターとフォトンバレーセンターという二つの組織を持っていることです。

次世代自動車センター――企業の持つ固有技術を分析する

次世代自動車センターは、二〇一八年、浜松市のものづくり産業の核である輸送用機器産業を取り巻く環境の変化に対応し、対策を講ずるために開設しました。

輸送用機器産業は現在、ＣＡＳＥ（Ｃ：コネクテッド、Ａ：自動化、Ｓ：シェアリング、Ｅ：電動化）と言われる大変革にさらされており、こうした変化への対応が、完成車メーカー、大手部品メーカー、そして中小部品メーカーにとって大きな課題となっています。このような外的要因の変化に対し、企業は絶えず自社の技術力を高め、変化に対応するための努力をする必要があります。

そこで次世代自動車センターでは、「自社の固有技術を認識、活用することによって、取引先に対する提案力を高める」ことを基本概念とし、これらに基づく支援を展開しています。

具体的には、技術啓発、技術研鑽《けんさん》、技術創造、人材育成、販路開拓の五つの柱のもとに、技術相談や固有技術調査、研究・実験、試作など、さまざまな取り組みを行っています。センター長は、元スズキの技術系の最高幹部を務められた方で、きわめて現実的、実践的な取り組みを進めていただいています。

たとえば、電気自動車が主流となると、エンジンが要らなくなり、モーターで走るようになります。そうなると、これまでエンジン回りの部品を作っていた下請け企業は、そのままでは廃業せざるをえません。

しかし、長年の事業で培った精密加工技術があります。こうした固有技術を活かさない手はありません。ある中小企業では、精密加工の技術を活かしてモーターの軸の開発を行いました。軸はモーターの命ですので、精密加工が求められます。開発は見事に成功しました。

このようにセンターでは、センターの開発した分析シートにより、それぞれの企業の持つ固有技術を分析し、次世代自動車の部品開発などを行っています。そのまま何もしなければ、座して死を待つしかありません。しかし今まで培った固有技術やノウハウを活かせば、必ず道は開けます。センターはそうした企業を活かし、再生させる仕事をしています。

センターの会員企業は、これまで市内、県内企業が多かったのですが、最近は評判を聞きつけて、県外企業の会員も増えているそうです。

地元輸送用機器産業の未来を考えて開設した次世代自動車センターが、今後ますます活躍してくれることを期待します。

フォトンバレーセンター――研究機関の知見を中小企業の力に変える

浜松市の新たなものづくり産業の分野に、光電子分野があります。

浜松出身の高柳健次郎博士は、電子式テレビジョンの実現を目指して研究をし、一九二六年に、世界で初めてブラウン管を用いて電子映像表示に成功した「テレビの父」と呼ばれる偉人です。浜松高等工業学校（現・静岡大学工学部）で、その高柳博士の教えを受けた堀内平八郎氏ら三人が、一九五三年に浜松市に浜松テレビ（現・浜松ホトニクス）を設立しました。

以来、光電子増倍管、撮像管、フォトダイオード、フォトＩＣや半導体イメージセンサーなど、光関連製品の研究開発型企業として成長してきました。そして、浜松ホトニクスは、今や光電子増倍管で世界シェアの約九割を持つ、光技術のリーディングカンパニーとなりました。

浜松ホトニクスが一躍有名になったのは、三人の学者のノーベル物理学賞受賞に貢献したことによります。一人目が二〇〇二年の小柴昌俊博士、二人目が二〇一三年のピーター・ヒッグス博士、三人目が二〇一五年の梶田隆章博士です。三人とも、浜松ホトニクスの光電子増倍管を使って、ニュートリノやヒッグス粒子などの微細な素粒子の観測に成功しています。

浜松ホトニクスは、これまで光技術だけで二〇〇〇を超える製品を開発しています。身近な物では、自動販売機やＡＴＭなどの紙幣選別センサー、自動車の自動ブレーキセンサーやオートエアコンの日射量センサー、医療分野においては血液検査、ＣＴやＭＲＩなどの測定装置に使われています。

今後、自動運転などが普及することは間違いありませんし、高度な医療機器なども次々に開発されますので、光電子技術はますます欠くことのできない技術となります。

そこで、浜松ホトニクスの光技術の効果を域内に広げるため、二〇一七年にフォトンバレーセンターを開設しました。このセンターは、光技術、電子技術、情報技術など活用して、ものづくり、流通、農林水産業などあらゆる既存産業の高度化、生産性向上、横展開の推進を図るとともに、新規事業、新産業を育成していくことを目的としています。

特に二〇一八年からは、主として中小企業の技術開発支援を目的とした「A-SAP 産学官金連携イノベーション推進事業」を行っています。A-SAPは「Access Center for Innovation Solutions, Actions and Professionals」の略で、ヨーロッパで実施されている中小企業のイノベーションを光技術で支援するACTPHASTという事業を手本としています。

具体的には、中小企業の持つアイデアとその技術的課題を相談していただくと、最適な研究者を探し、課題解決のためのプロジェクト立案まで、フォトンバレーセンターがお手伝いするというものです。

相談企業には、研究者と一緒にプロジェクトを実施していただき、出来上がった試作品などの成果は依頼された企業にお渡しします。プロジェクト期間は約半年、プロジェクトに関わる経費は最大五〇〇万円までフォトンバレーセンターから研究機関に支払われます。

研究機関の知見を中小企業の力に変え、A-SAPの名称の通り、最速で望む未来へ到達できるよう支援します。

以上のように、次世代自動車センターとフォトンバレーセンターは、浜松イノベーション推進機構の二枚看板です。この二つが垣根を越え、今後は地域産業の未来のために大いに機能を発揮することが求められます。県庁所在地でも大都市近郊都市でもない一地方都市が、産業の力で自立的に発展し、人口八〇万人の政令指定都市にまで上りつめたのが浜松市です。その浜松市にとって、これからも産業政策は最も重要な施策の一つであり続けます。

スタートアップ・ベンチャー施策

スタートアップは、産業政策の一環でもありますが、特に私が力を入れてきた政策でもありますので、スタートアップ施策としてご紹介します。

「スタートアップ」という呼称は、以前は「ベンチャー」と表現されることが多かったのですが、最近は「スタートアップ」と表現するのが普通ですので、スタートアップを基本としますが、過去の取り組みのなかでは、ベンチャーという名称を使う場合もありましたので、「ベンチャー」という言葉も出てきますが、基本的に同じものと理解してください。

浜松は元祖スタートアップの街

さて、浜松市は何度も述べたように、ものづくりを中心とした産業力でここまで成長、発展してきました。その産業を牽引《けんいん》したのが、スズキ、ホンダ、ヤマハ、ヤマハ発動機、カワイ、浜松ホトニクスなどのグローバル企業です。

しかしこれらの企業は、最初から大企業であったわけではありません。スタートは町工場です。町工場が時代とともに成長し、世界的な企業にまで成長しました。その意味では、浜松は元祖「スタートアップの街」と言っても過言ではありません。

たとえばオートバイに関して言えば、スズキ、ホンダ、ヤマハ発動機という四大メーカー（もう一つはカワサキ）のうちの三つが集積していますが、最盛期には五〇社ほどのオートバイメーカーがひしめいていました。それが次第に淘汰され、三大メーカーに集約されました。シリコンバレーでIT企業が雨後《うご》の筍《たけのこ》のように生まれ、淘汰されていくような感じです。それくらい以前の浜松には活気がありました。

「やめまいか」になる危機

ところが、リーマンショック後のことですが、浜松の開業率が廃業率を大きく下回るという現象が起きていました。リーマンショックの影響や中小企業が後継者不足で廃業するという構造的な問題もあり、廃業が増えているのは全国的な傾向でもありましたが、ショックだったのは、当時の開業率が全国平均以下であったことです。

前述したように、浜松の象徴する方言に「やらまいか」という言葉があります。これは、あれこれ悩んだり、考える暇があったら、まず「やってみよう」という浜松特有の進取の精神を指す言葉です。この言葉を合い言葉に、自動車や楽器、光電子産業など、世界を代表する企業が輩出してきました。本田宗一郎氏などが、その典型です。

このように浜松の発展を支えてきたのが、伝統的な「やらまいか精神」であったはずですが、開業率が全国平均以下という現実に直面し、「このままでは、浜松は『やらまいか』ではなく『やめまいか』になってしまう」という危機感を抱きました。

さまざまな講演や挨拶などでこの状況を説明し、「『やめまいか』になってしまう」と訴えると、聴衆から思わず笑いが起きますが、笑い事では済まされません。今はまだ、スズキやホンダ、ヤマハ、カワイなどが頑張って地域経済を支えてくれていますが、将来にわたってこの状況が続いていくとは限りません。

そこで、今のうちに「やらまいか精神」を取り戻し、再び「起業の街」にしなければならないと考え、起業支援、すなわちスタートアップ施策に取り組み始めました。

浜松ベンチャー連合――スタートアップコミュニティの意義

まず始めたのは、ベンチャー経営者を集めたコミュニティづくりでした。シリコンバレーの視察経験、あるいはシリコンバレーで成功した日本人経営者の話を聞いた経験から、シリコンバレーにはスタートアップ（ベンチャー）のコミュニティが存在することを感じました。

このコミュニティに入ろうと全米、あるいは全世界から熱意を持った若者が集まり、コミュニティに入り込めた者は、そこからさまざまなビジネス情報を得たり、人脈を広げることで、やがてチャンスをつかみ起業し、さらにそのなかの何人かが成功者となっていく。この繰り返しのなかで、シリコンバレーには巨大なスタートアップのコミュニティ、いわゆるエコシステムが出来上がっていったのではないかと思います。

もちろん、このコミュニティ周辺には、資金面でベンチャー企業を支える数多くのベンチャーキャピタルや金融機関のほか、大学や研究所などさまざまな支援機関が存在します。しかし最も重要なのは、夢を追う若者たちにとって、目指す具体的なロールモデルが存在することだと思います。

「自分もこういう経営者になりたい」「こういう企業を経営したい」という目標が近くにいて、

運がよければ、そういう人たちからアドバイスや支援を受けられるチャンスがあることが、コミュニティの存在意義だと思います。

私の知り合いのシリコンバレーで成功した日本人経営者の方の経験は、大変参考になりました。彼は大学卒業後、起業を夢見てシリコンバレーを目指しました。最初は全く英語ができなかったそうですが、猛勉強をしてアメリカ人とコミュニケーションが取れるようになると、シリコンバレーのスタートアップコミュニティに入るため、あらゆる努力を積み重ね、首尾よく潜り込みます。

コミュニティの一員になると、朝昼晩、毎食誰かと食事を一緒にしたそうです。シリコンバレーでは、こうした食事をしながらのミーティングの場で、情報交換をしたり、商談をするそうです。時には企業の売り買いも話題になります。彼も無事に起業し、最初の会社が軌道に乗ると、それを売って別のビジネスをしたいと考えたとき、こうした食事会で売り先を見つけ、首尾よく新たな起業に結びつけました。

シリコンバレーでは、起業した会社を長く経営していくケース以外に、ある程度会社が成長すると、その会社を売って新たなビジネスを目指す起業家も多いそうです。ビジネスの規模を拡大するため企業を買う人がいる一方、会社を売って、新たな起業を目指す人がいる。こうしたさまざまなビジネスニーズが渦巻いているのが、シリコンバレーのダイナミズムだと感じました。

なぜ東京だけにスタートアップが集まるのか

こうしたスタートアップのコミュニティは東京にも存在するのではないか、と思います。「なぜ東京だけにスタートアップが集まるのか」「なぜ東京だけ次々とスタートアップが生まれるのか」。こうした疑問の答えは、スタートアップコミュニティにあるのではないかと考えます。

もちろん東京には、政府機関や数多くの大企業、金融機関などが集積しており、ビジネスチャンスに溢《あふ》れていることも一因だと思います。しかしＩＴなどの情報技術が進化した今、東京にいなければ情報格差で不利になる、ということは必ずしもなくなりました。にもかかわらず、なぜ家賃や物価も高く、住みにくい東京に居続けるのか。

その答えはスタートアップコミュニティにある、と思います。あんなに広い東京ですが、実はスタートアップのコミュニティは狭く、みんな顔見知りです。そのネットワークの深さには驚きます。こうしたコミュニティが存在するので、東京にいることに意味が出てくるわけです。

情報はインターネットで入手できても、東京にいなければリアルで会うことはできません。始終食事をしたり、飲みに行ったりして顔を合わせ、知り合いになることが、お金で買うことのできない価値を生み出します。スタートアップの見本、ロールモデルが身近に存在することが、次々と新たなスタートアップを生み出す原動力になっています。

「金曜日の夜、○○の店に行くと、必ず○○さんがいる」。この○○さんは、起業して大成功したスタートアップのカリスマです。こうした評判を聞きつけ、起業を目指す若者が集まり、いつしか○○塾と呼ばれるようになります。

起業を目指す若者は、○○さんに自分のビジネスのアイデアをプレゼンし、アドバイスをもらいます。アイデアが気に入られると、○○さんが投資をしてくれる場合もあります。多くの若者が、○○さんとのご縁を獲得するため、金曜日の夜、店に通います。

こうしたチャンスが東京にはゴロゴロ転がっています。シリコンバレーのスタートアップコミュニティと似ています。だからスタートアップ関係者は、東京から離れられずに居続けるのだと思います。

スタートアップ経営者のアナログなライフスタイル

浜松出身で大成功したスタートアップ経営者に、ビズリーチを創業した南《みなみ》壮《そう》一郎《いちろう》さんがいらっしゃいます。静岡県立浜松北高等学校の後輩ですが、尊敬すべき素晴らしい人物です。スタートアップが上場し、時価総額が一〇億ドルを超えると「ユニコーン」と呼ばれ、世界的にも評価されます。ビズリーチの親会社であるビジョナルは、上場時に、日本では久しぶりのユニコーンとして話題になりました。

南さんは、浜松出身のスタートアップ経営者のリーダー格でもあります。そこで浜松出身の経営者に声をかけていただいて、ときどき東京で懇親を兼ねた意見交換会を開いています。私にとっては、大変刺激的な集まりです。

毎回一〇人くらいの経営者の方が集まってきますが、ひと声でこれだけ集まるということは、日ごろから密接な交流があるということだと思います。広い東京ですが、同郷であるとか、同窓であるとか、同じ業界であるなど、さまざまな括《くく》りのスタートアップコミュニティが存在し、それらが何層にも重なり、多くの価値を生み出しています。

こうした価値から恩恵を受けようと思えば、リアルで交流を深めなければなりません。ちなみに南さんも、ウィークデーはほぼ毎日、誰かと会食をしているそうです。スタートアップ経営者の多くが、同様のライフスタイルを貫いています。最先端の情報ビジネスを行っているＩＴベンチャーなどの経営者が、夜な夜なアナログな飲み会に参加しているというのは、何ともおもしろい現実です。

シリコンバレーでも東京でも、今後どんなに情報通信技術が発達しても、フェイストゥフェイスの交流は、ますます盛んになると思います。翻って考えれば、地方にもスタートアップコミュニティをつくり出さなければ、エコシステムは生まれないということがわかりました。

浜松ベンチャー連合の誕生

そこで、浜松にもスタートアップのコミュニティをつくる取り組みを始め、まずは市内のベンチャー企業に声をかけ、集まってもらうことから始めました。名称は「浜松ベンチャー連合」としました。

第一回目は、二〇一六年八月に市役所の会議室に一六社のベンチャー企業に集まってもらい、企業紹介と会に期待することなどのヒアリングを行いました。手探り状態でのスタートでした。第二回目は、二〇一七年一月に二七社に集まってもらい、近況報告や交流会を開催しました。この会合は、概《おおむ》ね年に二回程度開催することとしました。

内容も徐々に充実させ、第三回目からは大企業の経営者や成功したベンチャー経営者等による講演を実施し、第四回目からは講演に加え、参加企業によるピッチ（不特定多数に向けたプレゼンテーション）を実施しました。第四回目以降、講演とピッチと交流会という開催スタイルが固まりました。

回を重ねるごとに参加企業も増え、市外からも参加してくれるようになりました。新型コロナウィルスの影響で三年間、開催できませんでしたが、二〇二三年二月、第八回目となる浜松ベンチャー連合の会合を開催しました。

もちろん私は毎回、最初から最後まで出席をし、ピッチのコメンテーターも務めています。挨拶だけではなく、最初から最後まで会員と一緒に参加することによって、市長がスタートアップの取り組みに力を入れていることを身をもって示しています。

浜松ベンチャートライブの誕生

浜松ベンチャー連合を始めて間もなく、成長志向の強いスタートアップが集まり、「Hamamatsu Venture Tribe（浜松ベンチャートライブ）という団体が立ち上がりました。自治体主導ではないスタートアップ自らの取り組みは、歓迎すべき出来事でした。こういう動きが出てくることを、私は期待していました。

浜松ベンチャートライブは、浜松のスタートアップであるNOKIOO（ノキオ）代表取締役小川健三氏の問題意識から始まりました。

もともと小川氏は、自社をスケールアップさせるための施策として、人材獲得などの面で、中長期的な視点でのプロモーションの必要性を感じていたので、単独で発信するよりも、成長志向

のある地元のベンチャー企業と組んで一緒にプロモーションをしていくほうが効果が高いと考えました。またこうした集まりは、自治体や金融機関が用意するアクセラレーターや支援プログラムとは違ったベンチャー・エコシステムを構築できる可能性も秘めています。

浜松から毎年シリコンバレーへ

ベンチャートライブの主要メンバーは、経済産業省主催の「始動 Next Innovator」参加者です。始動は、「シリコンバレーと日本の架け橋プロジェクト」の一環として、次世代のイノベーションの担い手を育成することを目的に、二〇一五年度に立ち上がった事業です。

このプログラムは、国内プログラム（全十三日間）および選抜者を対象としたシリコンバレープログラム（約一週間）、最終的な成果報告会で構成されており、国内外の第一線で活躍する講師ならびにメンターと共に実践的な活動を遂行することで、必要な知識・スキルを経験的に身につけてもらい、イノベーターシップを持つ人材の育成を目指すというものです。

具体的には、毎年数百名の応募者のなかから百名程度を選抜し、まずは国内プログラムにチャレンジさせ、そのなかから選ばれた優秀な二〇名が、シリコンバレーへ派遣されています。

浜松からは、毎年複数名が始動にチャレンジし、連続してシリコンバレー選抜組を輩出しています。特定の都市から毎年のように、シリコンバレー選抜組が選ばれるのは異例のことであり、その点でも浜松市は注目されています。

現在も始動に参加したOBを中心に、毎年この事業にチャレンジする人材を発掘しています。

大企業をスピンアウトして起業したモリロボ

さて、浜松ベンチャートライブの主要メンバーには、始動でシリコンバレーに派遣されたリンクウィズの吹野豪さんやスプライザの土井寛之さん、国内プログラム参加者のパイフォトニクスの池田貴裕さんなどがいます。浜松を代表するベンチャー企業経営者です。

浜松ベンチャートライブでは、仲間を増やし、ベンチャーコミュニティを育成する活動を行っており、その一環として浜松ベンチャートライブ主催のピッチイベントを開催しています。

もちろん私もピッチイベントには毎回参加しており、コメンテーターなどを務めています。

そのピッチイベントで、おもしろい人物に出会いました。森啓史《ひろふみ》さんという方です。クレープ生地を自動で焼くロボットを開発したということで、イベントに参加していました。話をしてみると、スズキの社員で、生産ラインなどの開発に携わっている技術者だということがわかりました。スズキの社員として働く片手間に、技術を活かしてクレープロボットを試作したのです。

「これから世の中は人手不足になる。特に外食産業は人手不足が深刻化するだろうから、私は調理ロボットを開発して、外食産業の支援をしたい」というのが、森さんの志でした。素晴らしい志ですし、ビジネスとしてもおもしろいと思いました。しかしスズキの社員との二足のわらじはとても無理です。趣味ならいざ知らず、本格的にビジネスとして取り組むなら、スズキを辞めて起業する必要があります。

そこで会社を辞めて、起業する気はないのかと尋ねると、「親がせっかくいい会社にいるのに、辞めるなんてとんでもないと反対しています」という答えが返ってきました。そして「親を説得しますので、市長さん、ツーショットの写真を撮っていいですか」と言われ、ツーショットの写真を撮られました。

その後、森さんは休暇で実家に帰ったときに私との写真を親に見せ、市長も応援してくれている、と説得したそうです。親御さんは、市長さんが応援してくれるならいいだろうということになり、スズキを円満に退職してモリロボを立ち上げました。

私としては、背中を押した手前、成功してもらわなければなりません。ハラハラドキドキでしたが、大手外食チェーンにクレープロボットが採用されたり、海外へも販売先が拡大するなど、順調にビジネスが進んでいます。ぜひ今後も大きく飛躍してもらいたい、と念願しています。

スタートアップを支える

こうしたベンチャーコミュニティの育成とともに、浜松市としてもさまざまなスタートアップ支援策を講じて参りました。

まず産業部にスタートアップ推進課という専門の部署を立ち上げ、この部署を中心に、スタートアップ支援に着手しました。

具体的取り組みとしては、①首都圏からスタートアップ企業を誘致するためのサテライトオフィスの設置、②実証実験をサポートする実証実験サポート事業、③スタートアップ投資を呼び込むためのファンドサポート事業、④スタートアップ関連企業への職員派遣、⑤CIC東京への分室設置、⑥既存企業とスタートアップの協業支援、⑦起業家を育成するネクストイノベーター事業、⑧海外のスタートアップとの協業等々です。

サテライトオフィス

まず、市内中心部の複合ビルにトライアルオフィスを開設しました。無料のコワーキングスペースで、首都圏のスタートアップと浜松のスタートアップの交流などの取り組みを行っています。次に浜名湖が一望できるロケーションの場所に、「舞阪サテライトオフィス」を開設し、首都圏のスタートアップの誘致に取り組みました。続いて、海の次は山だということで、天竜地区に天竜トライアルオフィスを開設しました。浜松市が「国土縮図型都市」ということは前述しましたが、まさに豊かな自然を活用して、首都圏からのスタートアップの誘致に取り組んでいます。

民間施設FUSE

一方、行政以外の民間の取り組みも進み、民間が開設・運営するサテライトオフィスも市内に増えました。特に浜松いわた信用金庫が、「FUSE」という国内最大規模のインキュベート施設を開設してくれました。ここには複数のオフィスのほか、スタジオ、ホール、トライアルキッチン、3Dプリンター等々のさまざまな機能が装備されており、連日ピッチイベントなどが開催されています。市主催のさまざまなスタートアップイベントもここを利用しています。

ちなみに浜松いわた信用金庫は、シリコンバレーに継続的に職員を派遣しており、スタートアップ事業に大変熱心に取り組んでいただいています。

実証実験サポート事業――公共交通が消滅しつつある

スタートアップは、新しい技術やビジネスモデルをベースに事業を始めますので、さまざまな実証実験が必要になります。そこで「実証実験サポート事業」という取り組みを始めました。

市内外のスタートアップから実証実験事業を公募し、採択されれば、浜松市が実験費用の補助を行うとともに、各種行政手続き、地元との調整、警察など外部機関との調整等々、スタートアップに寄り添った伴走支援を行います。

ユニークな実証実験としては、水窪町という長野県との県境にある最も山奥の地域で、「超小型モビリティを用いた自動運転」の公道走行実験を行いました。公共交通が消滅しつつある過疎地域における「ラストワンマイル問題」の解決手段としての可能性を検証するものです。

使用する車は非常に小型で、自動運転技術も高度なものではなく、現在使用可能な技術を活用した走行実験です。時速は一〇㎞程度で、人が歩く速度より少し速い程度なので、仮に事故が起こったとしても、重大事故になる可能性は低いと想定されます。

私も試乗しましたが、速度も歩いているような感じで安心感がありますし、快適でした。これなら実用化も近いのではないかと感じました。多くの地元住民の方にも試乗していただきましたが、大変好評でした。

トライアル発注制度

有用な技術は、実証段階から早く実装に移行してもらいたいものです。そこで、浜松市では、二〇二〇年度より、「トライアル発注制度」という取り組みを始めました。これは実証実験に採用された技術やサービスのうち、すぐにでも活用できるものを、市が優先的に調達するという仕組みです。公共団体が利用することで信用力が増し、ビジネスの立ち上げに大きく貢献します。トライアル発注制度には、二〇二〇年度に二件、二〇二一年度に一件、合計で三件が採用されています。

実証実験サポート事業の実績ですが、二〇一九年度に五社、二〇二〇年度に七社、二〇二一年度に五社、二〇二二年度に五社の合計二二社が採用されています。このうち二〇社が市外企業で、六社が浜松市へ進出してくれました。この事業は、市外企業の取り込みにも有効ですし、市内企業との協業も生まれていますので、波及効果もあります。今後もこの事業を継続、拡大していきたいと思います。

ファンドサポート事業

スタートアップの大きな課題の一つが資金の獲得です。スタートアップに投資をするベンチャーキャピタル（ＶＣ）の資金は、首都圏に集中していて、スタートアップが首都圏に集まる原因の一つになっています。

浜松にスタートアップを集めるためにも、ＶＣの資金を浜松に引っ張ってこなければなりません。そこで全国初の施策として始めたのが、「ファンドサポート事業」です。この事業は、まず浜松市がベンチャーキャピタルを認定し、その認定ＶＣが投資したスタートアップに対して市が審査をし、合格すると、ＶＣの投資額と同額を上限に交付金を支給する制度です。

当初一般のスタートアップは上限五〇〇〇万円、医療系スタートアップには上限七〇〇〇万円まで交付する制度としてスタートしました。現在は、シード枠一〇〇〇万円、一般枠四〇〇〇万円、協業枠二〇〇〇万円で運用しています。

三方得になる制度

この事業はスタートアップにとっても、ベンチャーキャピタルにとっても、浜松市にとってもメリットのある三方得になる仕組みです。

まず、スタートアップにとっては資金を獲得しやすくなります。また、浜松市という公共団体から資金提供を受けることによって、社会的な信用力が増します。ベンチャーキャピタルにとっては、浜松市の交付金を活用することによって投資リスクを軽減できます。

では浜松市のメリットは何か、ということですが、交付金を提供するためには当然、浜松に拠点を移してもらわなければならないので、有望なスタートアップを首都圏から浜松市へ集めることができます。また、ベンチャーキャピタルの注目が浜松に集まりますので、ＶＣの市内投資が増加します。

制度スタート当初は、たった九社だった認定ベンチャーキャピタルは、現在四七社まで増えました。

ファンドサポート事業の採択件数は、二〇一九年度三社、二〇二〇年度十社、二〇二一年度十一社、二〇二二年度四社の計二八社です。二八社の内訳は、市内スタートアップが九社、市外から浜松へ進出したスタートアップが一九社です。交付金の交付額は、合計で約一〇億六〇〇〇万円となりました。

ファンドサポート事業への投資は十分元が取れる

交付金の性質上、渡し切りです。そこに税金を使うわけですから、制度導入時には多くの反対意見がありました。反対理由は、投資したスタートアップが失敗する可能性もあるのではないかというものや、市外のスタートアップに交付金を渡すくらいなら、市内の中小企業をもっと支援をするべきだといった意見などです。

いかにもありそうな意見です。しかし、そもそもこの制度は中小企業対策ではなく、浜松市の将来を考えた成長戦略ですから趣旨が違います。またリスクに関しては、ベンチャーキャピタルが、事業を精査して投資をしているわけですから、そこでまず厳格な審査が行われます。さらに採用に当たっては、専門家を入れた市の審査会で審査をするわけですから、二重のフィルターがかけられています。やみくもに交付金を渡しているわけではありません。

もちろん私自身、採用した二八社すべてが成功するとは考えていません。しかし二八社のうち二、三社でも飛躍して上場企業にでもなれば、税収を含めて大きな経済波及効果が得られます。

ファンドサポート事業の仕組み

市内のスタートアップに対して投資を行うベンチャーキャピタル等と協調し資金を交付することで、スタートアップの事業化を支援する取り組み。上限額は以下のとおり。

【シード枠：1,000万円】【一般枠：4,000万円】【協業枠：2,000万円】

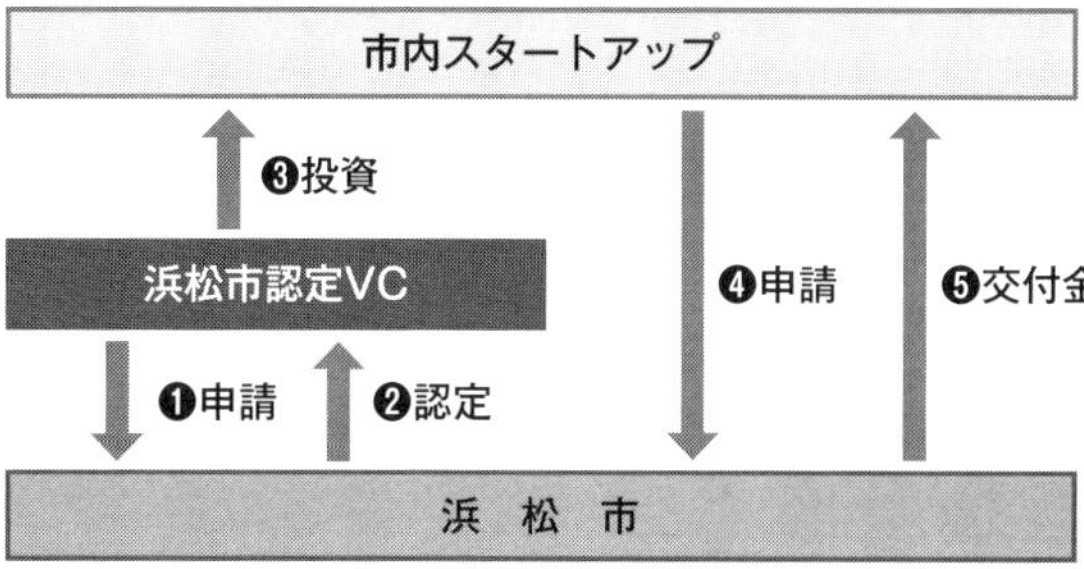

一〇億円の元は十分取れます。

浜松市のファンドサポート事業が呼び水となって、ベンチャーキャピタルから市内スタートアップへの投資も増えています。二〇一九年度二九億円だった調達額は、二〇二〇年度には五六億円、二〇二一年度はコロナの関係で少し減って四六億円でしたが、それでも以前に比べれば格段の違いです。コロナが終息すれば、再びベンチャーキャピタルからの市内スタートアップへの投資は増えていくと推察されます。

さらに言えば、ファンドサポート事業はスタートアップ界隈《かいわい》では、ずいぶん有名になり、浜松市がスタートアップ施策に力を入れているという評判の理由になっています。マスメディアでもずいぶん取り上げられました。こうした広告宣伝効果を考えれば、一〇億円の投資は安いものだと思います。

おかげさまで多くの自治体が、この事業に関心を寄せていただいていますが、同様の事業を始めたというニュースは聞いていません。やはり自治体がスタートアップ投資をするというのは、ハードルが高いのかもしれません。幸い浜松市では、議会で大きな反対がなかったことがよかったと思います。議会の理解が得られなければ、とっくに頓挫していたかもしれません。その点、議員の皆様にも感謝申し上げます。

スタートアップ関連企業への職員派遣

スタートアップ施策に取り組む浜松市の職員にも、実際にベンチャー企業がどういった会社で、どのような社風を持っているのかを、身をもって体験してもらう必要があると考え、ベンチャー企業への職員派遣も行いました。上場を果たしたベンチャー企業やベンチャーキャピタルなどが対象です。浜松市出身のビズリーチの南さんからも、「ぜひ浜松市職員を受け入れるから」とお申し出いただき、元気で優秀な女性職員を派遣しました。

公務を志して公務員になった皆さんですから、別世界のベンチャー企業へ無理やり行かせるわけにはいきません。そこで人選に際しては、「手上げ方式」で、意欲のある若手を中心に選びました。

派遣の際には、私から「もし行った先で感化され、自分も起業したくなったら、遠慮なく市役所をスピンアウトして起業していいから」と伝えています。半分激励、半分本音です。「派遣先のベンチャー企業の気概に触れ、「我こそは」と思うような職員が出てきてほしいな」とも期待しています。

残念ながらまだ起業した事例はありませんが、一人だけベンチャーキャピタルへ派遣した職員が、ＶＣの仕事にやりがいを感じ、その会社に転職したケースがあります。彼もＶＣの仕事を通じて、必ずや浜松市に貢献してくれると期待しています。

ＣＩＣ東京への浜松市分室開設と職員派遣

ＣＩＣ（ケンブリッジ・イノベーション・センター）は、一九九九年に米国マサチューセッツ州ケンブリッジ市にて創立されました。ＣＩＣは、イノベーションは社会のさまざまな問題を解決し、この世界をより良き場所へと変革するという信念のもと運営されているインキュベート施設であり、アジア初の拠点として東京の虎ノ門に、ＣＩＣ東京が開設されました。ここに浜松市のオフィスを借りました。

ＣＩＣ東京は、プライベートオフィスやコワーキングスペースなどの施設機能も充実していますが、それ以上に運営ソフトが魅力的です。それは入居企業を中心としたグローバルなイノベーションコミュニティが存在することです。

このコミュニティには起業家、投資家、政府・自治体関係者、ベンチャーを支援するプロフェッショナル、学生、研究者等が参加し、全世界の拠点とも連携しています。常にイベントが開催されていて、いろいろなネットワークにつながります。浜松市もすでに数回のイベントを開催し、新たなスタートアップなどとのつながりができました。

昨年から職員も一人、スタッフとしてＣＩＣ東京へ派遣しています。ＣＩＣ内での日常のコミュニケーションはすべて英語なので、受け入れ条件が、英語でコミュニケーションが取れる人材ということでしたので人選に苦労しましたが、英語の堪能な若手職員が見つかり派遣しました。自治体からの派遣は浜松市のみです。

地方自治体も常に最新情報を入手したり、グローバルネットワークにつながろうと考えたら、積極的にこういうコミュニティに参加することが必要な時代になったと思います。「浜松市は政令指定都市だからできるけど、小さな自治体では無理」といわれることがありますが、そんなことはありません。ある程度の規模の自治体であれば、十分対応可能です。実際に、浜松市の取り組みに触発された人口十数万人の自治体が、ＣＩＣ東京へ分室を開設しました。要はやる気があるかどうかだけです。ぜひチャレンジしてみてください。

市内ものづくり企業とスタートアップの協業

「浜松アクセラレーター」は、市内ものづくり企業と先進的な技術やアイデアを持つスタートアップとの協業を図る事業です。二〇二〇年からスタートしました。

ものづくり企業からは、固有技術や資金などの経営リソースを提供していただき、スタートアップからは、協業アイデアや特徴的なサービスを提案いただき、マッチングを図るというものです。

取り組みの実例をご紹介します。世界的な楽器メーカーのヤマハでは、「グミストラ」というゴムのように伸び縮みするセンサーを開発していて、自社ではこのセンサーを活用し、装着型のシステムを構築、演奏者の動きを可視化するような取り組みを行っています。

ヤマハは、他分野へ展開できるこの技術の可能性を探るため、本事業に参画してくれました。そしてワンライフというスタートアップとの協業が実現しました。

ワンライフは、障害者の方を対象とした障害福祉サービスを手掛けている企業で、生活介護施設や児童発達支援施設の運営、ワンゲームと名付けたeスポーツで障害者就労継続支援を行っています。ワンゲームは全国に拠点を拡大中で、現在フランチャイズ展開が行われています。

しかし障害者の方にとっては、市販のコントローラは操作が非常に難しいという課題があります。そこで、ヤマハの開発した伸縮センサー「グミストラ」を使い、障害者の方が操作しやすいコントローラを開発しようという取り組みがスタートしました。自社の技術の応用範囲を広げようという地元企業と課題を解決したいというスタートアップの協業の例です。これまで一六件の協業に向けた取り組みが行われています。

ご紹介した取り組みのほか、起業家を育成するネクストイノベーター事業や海外のスタートアップとの協業等の事業が進行中です。一自治体で、これだけ充実したスタートアップ施策が行われているところはないと自負しています。

仲間として参加する

私はスタートアップのイベントや集まりには、他の予定をキャンセルしてでも、優先的に参加してきました。数えてみると相当数に上ります。そのうちのいくつかをご紹介します。

「はままつスタートアップナイト」「はままつベンチャーフォーラム」など、浜松市主催の首都圏で開催されたイベントで、浜松市の事業紹介や有識者とのパネルトークを行う。

「スタートアップウィークエンド浜松」二〇一六年三月開催の第一回から二〇二一年十一月開催の第一二回まで、ほぼ毎回参加し、ピッチコンテストの審査員を務める。

「Hamamatsu Venture Tribe」二〇一七年九月から始まったMeetUpイベントに毎回参加。

「JAPAN STARTUP SELECTION」二〇一四年十二月開催の第一回から二〇二三年二月開催の第九回まで、ほぼ毎回参加しパネラーとして登壇。

「地方創生ベンチャーサミット」二〇一七年三月開催の第一回から二〇二三年二月開催の第六回まで、毎回パネラーとして登壇。

「地域スタートアップエコシステムの最前線」二〇二〇年六月開催の当イベントにおいて、パネラーとして登壇。

「浜松イノベーションチャレンジ」二〇二一年十月開催の当イベントに審査員として参加。

「TECH BEAT Shizuoka2022」2022年七月開催の当イベントにおいて、浜松市のスタートアップ施策を紹介。

「NEDO SSA（スタートアップ・サポーターズ・アカデミー）中期集合研修」二〇二二年度の研修会で講師を務める。

こうして振り返ってみると、ずいぶんいろいろなイベントへ参加してきました。この他にも、デジタル関係のイベントにも多数参加し、スタートアップに関わることも発信してきましたので、それらも加えると数十回に及びます。

世界的なスタートアップイベントである『スタートアップウィークエンド』の日本の担当者が、浜松のイベントで私の姿勢を誉めてくれました。

「自分は仕事柄、全国のスタートアップウィークエンドのイベントに行くが、市長が来ることはほとんどない。たまに市長が顔を見せるところもあるが、大抵挨拶をすると、すぐ帰ってしまう。毎回最初から最後まで参加し、ピッチの審査員まで務めていただいているのは浜松だけ。皆さん、これが当たり前だと思わないでください。すごいことですよ」

私自身は、自分が率先して参加し、汗をかくことにより、「市長はスタートアップに力を入れている」ということを身をもって示していきたいと考え、行動してきました。最近ではスタートアップのコミュニティも広がり、またスタートアップの業界内でも浜松は高く評価されています。

市長退任が間近になったとき、親しいスタートアップの社長から「社長（市長ではなく社長と呼ばれている）、市長を退任しても、我々と一緒にスタートアップの活動を続けていきましょう」と声をかけられました。仲間として認めていただいていることを大変うれしく感じました。市長は退任しても、別の立場で彼らと活動していきたいと思います。

デジタルを活用した持続可能な都市経営

急速な人口減少により、地方自治体は税収の減少や高齢化による医療・介護などの扶助費の増大などの問題に直面しています。一方、社会は急速なデジタル化が進んでおり、こうしたデジタル技術を活用することにより、行政手続きや情報共有などが円滑に行われるようになり、行政の効率化が進みます。そこで自治体は積極的なデジタル技術の活用により、効率的な行政運営に取り組む必要性が出てきました。

また、前述したスタートアップ施策を進めるためにもデジタル技術は必須であり、スタートアップとデジタルは表裏一体の関係にあるとも言えます。行政の効率化だけでなく、地域経済の活性化のためにも、さまざまな分野でのデジタル利用は今後、加速度的に進んでいくと思われます。

デジタルファーストの三本柱

そこでデジタルを最大限活用したまちづくりを進めていく覚悟を示すため、浜松市では国に先駆けて、二〇一九年十月にデジタルファースト宣言を行いました。

柱は三つ。①都市づくりのデジタルファースト、②市民サービスのデジタルファースト、③自治体運営のデジタルファーストです。

そして半年後の二〇二〇年四月には、デジタル施策を推進する専門部隊として庁内に「デジタル・スマートシティ推進部」を立ち上げるとともに、官民連携組織として「デジタル・スマートシティ官民連携プラットフォーム」を設立しました。このプラットフォームには、二〇二三年二月現在、約二〇〇の企業団体に参加いただき、各種活動を推進していただいています。

二〇二一年三月には、「デジタル・スマートシティ構想」を策定しました。この構想では、「市民のＱＯＬ（生活の質）の向上」と「都市の最適化」を目指し、デジタルでつながる未来を官民で共創（共に創る）するという理念を掲げています。そしてデジタルを進めていくための必要な視点として、オープンイノベーション、市民起点・市民目線、トライアンドエラーで物事を進めるアジャイル思考を示しました。

そして二〇二二年七月には、「デジタルを活用したまちづくり推進条例」を施行しました。市民や企業の役割も定め、市を挙げてデジタルを推進することを定めた条例の制定は全国初です。条例の制定により、広く市民の皆さんにデジタルの推進を周知することができました。

強力なデジタル助っ人軍団

デジタル施策を推進するために、浜松市では日本を代表する専門家の皆さんにフェローを委嘱し、アドバイザーに就任していただいています。ざっとご紹介すると、東博暢《あずまひろのぶ》氏（日本総合研究所プリンシパル）、陣内裕樹氏（グーグルジャパン・内閣府クールジャパン地域プロデューサー）、関治之氏（〈一社〉Code for Japan代表理事）、日下光氏（xID代表取締役CEO・エストニア行政機関アドバイザー）、南雲岳彦氏（〈一社〉スマートシティ・インスティテュート専務理事）、白坂成功《しらさかせいこう》氏（慶應義塾大学大学院システムデザイン・マネジメント研究科教授）等々です。

フェローの皆さんからは貴重な情報を提供いただいたり、職員の指導などをお願いしています。浜松市のデジタル施策が進化したのは、フェローの皆さんの貢献も大きいと思います。ときどき「どうやってこれだけの方々を集めたのか」と問われることがありますが、それぞれご縁を頂いたときに、就任をお願いして承諾いただいたものです。ご縁を生かすのは大事なことです。

組織自体の考え方や体質を根本から変えるのがＤＸ

デジタルを活用してさまざまな変革を起こすＤＸ（デジタル・トランスフォーメーション）が、社会の潮流になっています。しかし、紙をタブレットに替えたり、ズームでオンライン会議をするのがＤＸだと勘違いしている人たちも、まだまだ数多くいます。

単にデジタル機器を使うのがＤＸではなく、デジタル技術を使って新たなイノベーションを起こしたり、仕事の仕方を劇的に変え、業務効率を飛躍的に向上させたりするのがＤＸの本質です。したがってＤＸを成功させるためには、組織自体の考え方や体質を根本から変えなくてはなりません。

そのことを指摘しているのが、先述した経営共創基盤代表取締役ＣＥＯの冨山和彦さんです。冨山さんは、ＤＸ成功のカギはＣＸ（コーポレイト・トランスフォーメーション）にあると提言しています。ＣＸとは、高度成長時代にかたちづくられた日本的経営や組織から脱却して、まったく新しい企業組織へと変わることを指します。詳しくは冨山さんの著書をお読みいただきたいと思いますが、私が気づかされたことは、自治体も同様だということです。自治体が昔の体質のままでいたら、デジタルを導入しても何も変わりませんし、成果も上げられないだろうと思います。そこでCXになぞらえて、LGX（ローカル・ガバメント・トランスフォーメーション）という造語をつくり、自治体の変革を訴え始めました。

まず自治体で変えなければならない体質は、前例主義や事なかれ主義です。これまでの自治体の仕事の仕方は、前例に従い、ミスや間違いを犯さず事務をこなすというのが通例でした。したがって新しいことに挑戦するとか、過去のルールや仕組みを変えることは、ほとんどしませんでした。

しかし今は、前例に従うと判断を誤る時代です。私自身、そういうケースにいくつも遭遇してきました。これからは社会の変化を敏感に感じ取り、何が必要かを自分の頭で考え、新しいことにチャレンジしていく姿勢が必要です。そしてスタートは小さく、試行錯誤を繰り返しながら目標を達成していくというアジャイル思考が必要となります。

もう一つ大事なポイントは、スピードです。前述のように、トヨタには「巧遅より拙速」という素晴らしい経営方針がありますが、これからの自治体はまさに巧遅より拙速が大事です。これまでの自治体の仕事の仕方は「石橋を叩いて叩いて叩いて、やっと渡る」といった感じで、とにかく失敗や間違いを恐れ、スピードは二の次でした。

しかし、これからはスピードが勝負の時代となります。多少出来が荒くても、スピードが価値を持ちます。後ほどご紹介しますが、特にコロナなどの不測の事態が起こったときには、スピードが勝負となります。

浜松市では、こうした今後の自治体のあり方や公務員としての心構えをまとめた「LGX行動規範」と「LGXコミュニケーションポリシー」を制定しました。今後、職員の行動指針として参ります。

Hamamatsu ORI-Project

デジタルを活用したユニークな取り組みを一つご紹介します。「Hamamatsu ORI-Project」です。ORIはOpen Regional Innovationの略です。これは、浜松市が用意するデータ連携基盤を活用し、地域課題を解決する新しいサービスを創出するため、全国からアイデアを募集する取り組みです。

具体的には、浜松市の各部門から提示された課題やテーマについて、データ連携基盤を活用して解決を図るプロジェクトを公募し、有望案件については、浜松市内における事業検証の支援を実施するというものです。単なるアイデアコンテストではなく、実装に向けた支援まで実施するところが特徴です。

この事業には、アマゾン ウェブ サービス ジャパン合同会社（AWS）に加え、NTTドコモ、ＫＤＤＩ、ソフトバンク、楽天モバイルの通信四社、村田製作所にスポンサーとして支援を頂いています。
　毎回さまざまな応募があり、成果を上げています。たとえば頻発する豪雨災害時の冠水予想を行う「冠水エリア予測システム」では、冠水が発生する領域のなかで、水深が最大になると考えられる地点付近に水位センサーを設置し、その水深と国土地理院の数値標高データから、リアルタイムに冠水領域を推測する。かつ、付近に雨量計を設置することにより、雨量と水位の関係性を明確にし、予測雨量から冠水を予測するという仕組みをつくり上げました。

　変わったところでは、光と画像データを活用し、特殊な光を効果的に照射することにより、ムクドリを退散させ、都市部のムクドリ被害をなくそうという「ムクドリ被害対策」という実験もありました。

　デジタル技術を活用し、社会課題を解決することにより、「デジタル・スマートシティ構想」に定めた「市民のＱＯＬ（生活の質）の向上」と「都市の最適化」という目標を達成して参ります。

「予防・健幸都市」を目指す

人生百年時代を迎え、平均寿命より健康寿命が重要とされています。どんな状態であろうが、死ぬまでの年齢の平均を算定した平均寿命に対し、健康寿命は、健康上の問題によって日常生活が制限されることなく生活できる期間を調査したものです。

厚生労働省が、二〇一〇年から三年に一回調べている大都市別（政令指定都市＋東京都特別区）の健康寿命調査で、浜松市は、二〇一〇年、二〇一三年、二〇一六年と三回連続で、男女とも健康寿命が一位でした。大都市のなかでの一位ですから、実質健康寿命日本一の街です。

浜松市の健康寿命が長いのは、温暖な気候が健康によい、医療体制が充実している、高齢者の就業率が高く、いつまでも生きがいを持って生きられる等々、さまざまな理由が挙げられています。一方、人工透析患者の数が平均より多いなど、健康に関する課題も抱えています。

そこで健康増進や疾病予防に取り組み、健康寿命をさらに延伸させ、市民が健康で幸福に暮らせる「予防・健幸都市」を目指そうということで、「浜松ウエルネスプロジェクト」を立ち上げました。国民の健康を保持し、医療費などの社会保障費を抑制したい国も浜松市の取り組みに注目し、応援していただいています。

浜松ウエルネスプロジェクト

浜松ウエルネスプロジェクトは、二つの官民連携組織から成り立っています。一つは、「浜松ウエルネス推進協議会」で、この組織には、医師会、歯科医師会、薬剤師会、聖隷福祉事業団などの医療機関、浜松医科大学や静岡大学などの大学・研究機関、商工会議所、個別企業、金融機関など、一〇〇を超える企業・団体に参加していただいています。

この推進協議会では、市民の予防や健康増進に関わるさまざまな事業を展開しています。企業の健康経営を推進させる健康経営優良法人認定制度や出前健康講座、「はままつ健幸クラブ」というアプリを活用した市民の健康増進、新たなヘルスケアビジネスを創出するためのヘルスケアベンチャー企業を集めたテックシンポジウムの開催など、その活動は多岐にわたります。

浜松ウエルネス・ラボ

もう一つの組織は、「浜松ウエルネス・ラボ」です。こちらは日本を代表する企業に参加いただいています。具体的には、キリンホールディングス、ＳＯＭＰＯひまわり生命保険、ファンケル、スズキ等です。
このプロジェクトでは、デジタル技術などを活用して生活習慣病の予防や認知機能の改善、健康増進などに関わる浜松初の社会実証事業を展開していくことになっています。社会実証事業で得られたデータは、「浜松ウエルネス・ラボ」内に構築するデータプラットフォームに蓄積していき、参加企業は新製品や新サービスの開発に活用したり、浜松市の予防健康に関する施策に活かしていきます。

ユニークな活動事例をご紹介します。たとえば、キリンが取り組んだ「笑いと脳」の実証実験。このプロジェクトは、キリンが、吉本興業、浜松市と協働して、「笑いが脳機能に及ぼす健康効果に関する研究」を行うものです。

キリンと吉本興業は将来的に、本取り組みを通じて、「脳の健康」をサポートする気軽で続けやすい新サービスの開発を目指していく方針です。またこの活動を通じ、浜松市民の健康増進や「予防・健幸都市浜松」の実現にも貢献していただきます。

スズキが浜松医科大学等と取り組んでいる実証研究もユニークです。自動車の運転は多くの方にとって必要不可欠な日常的行動ですが、適切に自動車を運転するためには、注意力や記憶力など、さまざまな認知機能が必要となります。しかし加齢に伴い、こうした機能が低下することは一般的に広く知られています。特に最近では、高齢者の運転操作ミスによる事故が、社会問題化しています。

しかしながら、認知機能の低下が日常の運転行動にどのような影響を与えるかは、あまりわかっていません。そこで、運転データと認知機能検査の関係を分析することにより、日常の運転のどのような側面が、認知機能の低下と関係するかを明らかにする実証研究を行いました。この研究の成果は、将来的に運転行動の変化から、認知機能の低下を早期に発見する技術の開発につながる可能性があります。

つまり運転中の健康状態を把握することで、安全を確保し、認知機能低下による事故等を削減することができるわけです。高齢者の足となっている軽自動車が主力のスズキにとって、有益な研究になることは間違いありません。

こうしたユニークな実証研究が次々と進められ、「予防・健幸都市浜松」の実現を支えるだけではなく、国民全体の健康寿命延伸に大きく貢献することが期待されます。

なぜエネルギー政策に取り組んだのか

私は衆議院議員時代、エネルギー政策を専門の一つとしていました。なぜならエネルギーほど日本にとって重要な問題はないと考えていたからです。特に電気は性質上、ためることができません。今この瞬間も、電気の需要に対して必要な量を発電によってつくり出し、供給しなければなりません。もし需要に供給が追い付いていかなければ、大停電が発生します。

唯一この事態が、北海道で発生したことがあります。二〇一八年九月、北海道胆振《いぶり》東部を最大震度七の地震が襲いました。地震そのものの大きさもさることながら、その後に起きた北海道全域の停電、「ブラックアウト（全域停電）」は大きな問題となり、ＴＶや新聞などでも広く報じられました。

この停電は、地震の影響で大きな火力発電所や水力発電所が発電停止となり、供給力が著しく低下したために発生しました。日本で初めて発生したブラックアウトでした。北海道の住民生活や産業に、多大な影響を与えました。

電気の需給バランスを維持するのは大変なこと

ふだん私たちは、スイッチを入れれば電気がつくのが当たり前だと錯覚していますが、そういう状態を常に維持するためには大変な努力が必要です。特に日本は島国ですから、他国から電気を融通してもらうということができません。ヨーロッパなどは地続きで国同士がつながっていますから、いざとなれば他国から電気を融通してもらうことができます。原子力発電大国であるフランスが、周辺の国々に電気を供給している例は有名です。

他国に頼れない日本では、瞬間瞬間、電気の需要と供給をバランスさせるという取り組みをしています。私たちが毎日、何不自由なく電気の恩恵に浴している水面下では、ものすごい仕組みが動いているのです。もしこの仕組みが壊れ、需給バランスが崩れたら大停電が発生し、国民生活に深刻な影響を与えます。そこで日本では電気の安定供給が、国民生活や国民経済を守るために最も重要なことだと考えられています。

「人新世」の地球温暖化対策

エネルギー問題をさらに複雑化する新たな課題が、「地球温暖化」です。地球の平均気温が上昇し、毎年大規模自然災害が脅威となっています。この原因をつくり出しているのが、人類の活動です。

オランダのノーベル賞学者であるパウル・クルッツェン博士は、現代を「人新世《ひとしんせい》の時代」と定義づけました。これは人類の活動が、地球環境や生態系に重大な影響を及ぼすようになった時代のことを指します。

人類は、産業革命により生産や消費を飛躍的に拡大させました。それまで地球と共存してきた人類が、地球環境を破壊し始めたのです。このまま無秩序に活動を拡大し、地球温暖化を進行させれば、やがて人類は地球に生存できなくなります。まさに「自分で自分の首を絞める」というやつです。

そこで一九九二年、大気中のＣＯ$_2$などの温室効果ガスの濃度を安定化させることを目標とする「国連気候変動枠組条約」が採択され、地球温暖化対策に世界全体で取り組んでいくことが合意されました。そして同条約に基づき、国連気候変動枠組条約締約国会議（ＣＯＰ）が一九九五年から毎年開催されています。

京都で開催されたＣＯＰ３では、日本が議長国となり、温室効果ガスの削減目標を定めた京都議定書が締結されました。そして二〇一五年パリで開催されたＣＯＰ21では、新たな枠組みとなる「パリ協定」が締結されました。そこでは、気温上昇を一・五度に抑えるという世界共通の長期目標が採択されました。このレベルに抑えないと、とんでもない自然災害が多発し、人類が生存の危機に陥るからです。

今後各国は、目標達成に向けて大変な努力をしていかなければなりません。ＣＯ$_2$削減のためには、あらゆる取り組みが必要となります。特に、石油や石炭などの化石燃料を燃焼させてエネルギーに変えるという活動を制限しないとＣＯ$_2$は減りません。そこで、ガソリンを燃やしエンジンを駆動させるという従来の自動車から、電気でモーターを回し走らせるという電動化の動きが、世界的に加速しています。

一方、発電も従来の石炭や石油を燃やして電気をつくる火力発電の廃止が求められています。火力発電は、莫大《ばくだい》なCO_2の発生源だからです。しかし前述したように電気事業で最も重要なことは、安定供給です。常に安定的に多くの電気を生産し供給する仕組みは、現時点では、火力発電か原子力発電しかありません。私たちは、電気の安定供給とCO_2削減の狭間で、両方を満たすエネルギー政策を模索していかなければなりません。

エネルギー政策基本法の制定

こうした問題は今に始まったことではありません。すでに2000年初頭には、国会でも議論がされていました。当時、日本のエネルギー政策には基本理念がなく、「行き当たりばったり」でした。これではいけないということで、問題意識を持つ議員を中心に、エネルギー政策の基本理念をつくろうということになり、二〇〇二年に議員立法で「エネルギー政策基本法」がつくられました。

私も経済産業委員会理事という立場で、この法律制定に深く関わりました。エネルギー政策を考えるうえで、重要な要素は三つです。一つ目は、何度も言及しているように「安定供給」です。何といってもこれが最も重要です。二つ目に、重要な要素となるのが「環境適合」です。CO_2削減が世界的な潮流になり始めていた頃でしたので、CO_2を出さない環境配慮が必要となります。そして三つ目が、これら二つの要素を満たしたうえで、できるだけ安く電気を供給するという「市場原理の活用」です。この三本柱を定めたうえで、国にはエネルギー基本計画を策定することを義務付けました。これで日本のエネルギー政策の骨格が定まりました。

原子力をベースロード電源に定める

その後つくられたエネルギー基本計画は、ベストミックスという考え方のもとに、策定されました。それは、安定的に電気を供給することができ、CO_2も排出せず、しかもコストも安い電源をベースロード電源と位置付け、そのうえで多様な電源を活用するというものです。

具体的には、ベースロード電源としての原子力発電を軸に、火力発電、水力・太陽光などの再生可能エネルギーをうまく組み合わせるという計画が策定されました。特に原子力発電は、安定的に大量の電気を供給でき、CO_2を出さないという特長を有していますので、地球温暖化防止という時代の要請にはぴったりでした。

使用済み核燃料の処理問題が未解決といった欠陥はありますが、当面、新たな技術が開発されるまでのあいだは原子力発電を活用するというのが、党派を超えた国の既定路線でした。政権交代後の民主党政権が、原子力発電の比率を五〇%までに引き上げるという方針を出したことでも明らかです。

日本のエネルギー政策を大転換させた福島原発事故

「原子力発電を軸に電気を供給する」という日本のエネルギー政策を、根本から打ち崩したのが、東日本大震災の大津波による東京電力福島第一原子力発電所の事故でした。

津波により電源が破壊され、原子炉の冷却ができなくなったことによる原子炉のメルトダウン、それにより発生した大量の水素による水素爆発は、日本のみならず世界に強烈な衝撃を与えました。安全神話の上に成り立ってきた日本の原子力政策が、音を立てて崩れ去った瞬間でした。頑丈な原子炉建屋が、いとも簡単に吹き飛ばされる映像を思い出すと、今でも背筋が凍り付く思いです。私も含め日本のエネルギー政策に関わってきた者にとっては、これから日本はどうなってしまうのであろう、と暗澹《あんたん》たる気持ちになったのではないかと推察します。

新エネルギー推進事業本部の設置

その後、日本のエネルギー政策が大きく変わり、信用の失墜した原子力発電の比率が下げられ、再生可能エネルギーの導入促進が図られることは、誰の目にも明らかでした。事実、そうした方向に進みました。

そのとき、私が考えたのは「いよいよ地方自治体の出番であり、取り組み方によっては地域経済活性化の起爆剤になる」ということでした。太陽光、風力、水力、バイオマスなどの自然由来の再生可能エネルギーの特徴は、分散型電源であり、地産地消に向くということです。

これまでの発電事業は、巨大電力会社が一〇〇万kWを超える発電量を持つ巨大な火力や原子力のプラントを建設し、広範囲に電気を供給するというビジネスモデルでした。したがって個人も企業も、電気料金をこうした電力会社に支払っていました。電力会社が地元にない場合は、エネルギーコストが域外に流出することになります。

しかし再生可能エネルギーによる発電事業は、火力や原子力のようなプラントへの巨大な投資は必要ありません。地元資本でも十分事業が可能となります。しかも発電と消費が、一つの地域で一体的に行われるので、資金が地元で循環します。つまり新たに電力事業を生み出すチャンスとなるわけです。

いち早くこのことに気づいた私は、エネルギー事業を推進する新たな部署として、新エネルギー推進事業本部を設置しました。この部署が中心となって、浜松市のエネルギー政策を推進することにしました。

浜松市は「再生可能エネルギー発電日本一の街」

福島の原発事故や国内外における地球温暖化対策の強化が求められるなか、予想通り国も再生可能エネルギーの導入促進に力を入れ始めました。そのなかで特に強力な後押しになったのが、固定価格買取制度です。

固定価格買取制度（通称ＦＩＴ）は、再生可能エネルギー（太陽光、風力、水力、地熱、バイオマス）によって発電された電気を、国が定める一定の期間にわたって、国が定める一定の価格で購入することを電気事業者に義務付ける制度であり、「電気事業者による再生可能エネルギー電気の調達に関する特別措置法」（以下「再生可能エネルギー特措法」）に基づき、二〇一二年七月一日から開始されました。これにより、再生可能エネルギーを用いる発電投資への投資回収の不確実性を低減させ、これらに対する投資を促すことで再生可能エネルギーの導入拡大の加速化を図るものです。また導入拡大が加速すれば、設備の量産化が進み、他のエネルギーに比べ割高な設備投資のコストダウンが進むことも期待されます。

特に太陽光発電は、当初一kWh当たり四二円という破格の価格設定がされました。そしてこの価格での買い取りが十年間保証されたのです。滅茶苦茶儲《もう》かります。太陽光発電事業に参入する事業者が一気に拡大しました。浜松市でも、エネルギー関連企業以外に、建設業者、不動産事業者などが、太陽光発電事業に乗り出しました。

太陽光発電事業のもう一つのメリットは、利用が困難であった土地の有効活用ができるところです。近年、山を切り崩して行う発電事業などが、防災や自然保護の点から問題視されていますが、支障のない遊休資産は大いに活用すべきです。

浜松市でも、市の所有しているゴミの最終処分場跡地であるとか、中山間地域の廃校跡地などを太陽光発電事業に活用し、入札のうえ、市内の建設業者等が事業を推進しています。また、民間の遊休地としては、養鰻場《ようまんじょう》跡地があり、太陽光発電の有望な事業地となりました。

浜松は鰻《うなぎ》の養殖発祥の地であり、一時期盛んに鰻の養殖事業が行われていましたが、近年は廃業する事業者が多く、跡地利用が課題となっていました。建物などには不向きですが、周りに遮るものがない養鰻池跡は、太陽光発電なら絶好の適地となります。市も積極的に斡旋《あっせん》することで、養鰻池跡地を次々と太陽光発電事業に変えていきました。東海道新幹線で浜松のあたりを通過すると、多くの太陽光発電施設が目につきますが、ほとんどが養鰻池の跡地です。

こうした官民挙げた取り組みにより、太陽光発電は導入件数九八二四件で日本一（二〇二二年）、発電量五七万一六八〇kWで日本一（二〇二二年）、導入件数、発電量とも日本一を堅持しています。おまけに再生可能エネルギー全体でも日本一ですので、間違いなく浜松市は「再生可能エネルギー発電日本一の街」といえます。

また浜松市の場合、事業者の八割が地元資本ですので、これまで市外に流出していたエネルギー関連資金が市内で循環するようになり、地域経済的にも大きな成果を上げることができました。再生可能エネルギーを活用した地方創生です。

地域電力会社「浜松新電力」

　エネルギーの地産地消を目指すとともに、将来の総合生活サービス提供企業を目標に、二〇一五年に「浜松新電力」という会社を、浜松市と民間企業の共同出資により設立しました。この会社の目的は次の六つです。㈠再生可能エネルギーの活用、㈡電力の地産地消、㈢市内資源の有効活用、㈣地域経済の活性化、㈤市民への節電・環境意識の醸成、㈥エネルギーに不安のない強靭《きょうじん》で低炭素な社会の構築、です。

　特に市内の太陽光発電やゴミ発電などでつくり出した電気を買い取り、市内の公共施設や市民へ売却することにより、エネルギーの地産地消を推進し、地域の活性化を図るとともに、CO_2の排出削減を進めることが主たる使命です。

　浜松新電力のモデルは、ドイツのシュタットベルケです。シュタットベルケは、電気・ガス、水道、交通、廃棄物収集などの公共サービスを行う事業者のうち、自治体が資金を提供している事業者のことを指します。これはドイツ発祥の企業文化であり、直訳すると「都市公社」となります。

　シュタットベルケは、地域が抱える問題を解決する方法として、ドイツ国内では数多く設立されています。電力事業など利益の出やすいサービスを軸に公共サービスを広く展開することで、利益が出たサービスの収益を他のサービスに充《あ》てることができるからです。公共交通や公共温水プールなどの採算が取りにくいけれど必要なサービスを続けるには、シュタットベルケの考え方を取り入れることが一つの解決方法となります。シュタットベルケの事業規模はさまざまですが、なかには巨大企業となり、上場している会社もあります。

日本でも今後、少子高齢化が急速に進み、成熟社会特有の課題が次々と生まれてくることが想定されます。その際、必要な公共サービスを持続的に提供していくためには、役所だけでは限界があり、シュタットベルケのような公的な役割を担える企業が必要になります。浜松新電力が今後、総合生活サービス提供企業として、日本版シュタットベルケに成長することを期待しています。

スマートシティ推進協議会――「プロジェクト創生型」の活動を目指して

浜松新電力とともに二〇一五年に立ち上げたのが、「浜松市スマートシティ推進協議会」です。この協議会は、再生可能エネルギー等による多様な分散型電源の導入や、徹底した省エネ化、エネルギーマネジメントシステムを活用した建物ごと又はエリアごとのエネルギー最適利用の推進などの新しいまちづくり、新産業の振興を通じて実現される〝エネルギーに対する不安のない強靭で低炭素な社会〟である「浜松版スマートシティ」の実現を目指して設立しました。当初七五団体でスタートした本会も、現在一八八団体（市内八三、市外一〇五）まで会員が拡大しています。

本協議会では、各種情報共有、会員相互の連携支援、そして市内各所で進めるスマートプロジェクトへの参加などを進めています。特に、国土縮図型と称される広大な市域をフィールドとし、会員間で連携して課題解決や事業展開を行う「プロジェクト創生型」の活動を目指しています。都市部、新興住宅地、中山間地域など、それぞれ特徴を持ったエリアでプロジェクトが進行中であり、今後もこうした事業を継続することにより、エネルギースマートシティの実現を目指していきます。

ＲＥ一〇〇宣言――「私たちはトランプ大統領とは違う」

コロナ前の二〇一九年九月、国連でＳＤＧｓをテーマとしたハイレベル政治フォーラムが開催されました。ハイレベル政治フォーラムは、文字通り各国元首が重要なテーマについて議論する場であり、二〇一五年に採択されたＳＤＧｓの進捗について、初めて国連の場で議論がされました。日本からは故・安倍総理大臣が出席され、事前の環境会合には、小泉進次郎環境大臣が参加されました。

さまざまなセッションのなかで首長フォーラムも開かれ、私は日本の首長代表として唯一参加をし、浜松市のＳＤＧｓの取り組みを紹介しました。

この国連会合の場で強烈に感じたのは、世界各国が地球温暖化問題にものすごい危機感を抱いているということでした。首長会合でも、温暖化問題への発言が相次ぎました。なかでも印象的だったのは、アメリカの市長でした。開口一番、「私たちはトランプ大統領とは違う」と発言したのです。当時トランプ大統領は、温暖化ガスの削減目標を定めた「パリ協定」から離脱して、独自の路線を歩もうとしていました。

それに対し、「自分たちアメリカの首長は、大統領が何と言おうと温暖化ガス排出抑制に全力を尽くす」と宣言したのです。この発言を裏付けるかのように、すでにアメリカでは、一〇〇を超える自治体が二〇五〇年の「ＲＥ一〇〇」を宣言していました。ＲＥ一〇〇というのは、その地域で使用する電力は一〇〇％再生エネルギーで調達する、という意味です。

この国連での体験を通じ、私たちもＲＥ一〇〇とカーボンニュートラルを宣言して、さらに温暖化ガス排出抑制に取り組むことを決意しました。そして二〇二〇年二月に、浜松市域ＲＥ一〇〇とカーボンニュートラル（温暖化ガス実質排出ゼロ）を宣言しました。ＲＥ一〇〇を宣言している自治体は他にもありますが、具体的な数値目標とロードマップを示しているのは、浜松だけではないかと思います。

浜松はすでに述べた通り、太陽光発電量、再生可能エネルギー発電量とも日本一の市であり、今後も太陽光発電の普及を目指すとともに、風力などの別の再生可能エネルギーの普及に取り組めば、今ある水力発電を合わせ、二〇五〇年には、市内で使用する電力をすべて再生可能エネルギーで賄うことも可能となります。

後を引き継ぐ皆さんには、ぜひ目標達成を目指していただきたいと思います。

持続可能な林業経営――「天竜の山を宝の山に変えてみせる」

浜松市が大合併をして伊豆半島より広大な市域面積を有するようになったことは、すでにお伝えしましたが、市域の約七割を森林が占めるようになり、林業も浜松市の重要な施策の一つになりました。

もともとこの地域は日本三大美林と呼ばれた杉、ヒノキの一大産地であり、かつては林業で大変潤っていた時期もありました。しかし、安い外国産材が大量に国内に入ってくるようになり、国産材の価格が低下し、林業は長く低迷します。構造不況にある林業をいかに再生させるかという課題にも取り組んでいかなければなりません。政令指定都市といっても、国土縮図型都市の浜松は、課題のデパートです。

さて、市長就任早々、森林組合をはじめとした林業関係者の皆さんが表敬訪問に来てくださいました。しかし雰囲気が異様な感じでした。皆さんの表情がこわばっていて、何か息苦しい空気が漂っていました。

理由はすぐにわかりました。最初の選挙は、現職と闘った激しい選挙だったことは前述しましたが、周辺地域の皆さんはどちらかというと現職市長を応援していました。行財政改革など、改革を断行するという公約を掲げていた私が当選すると、周辺地域は切り捨てられるのではないかという疑心暗鬼があったからです。しかし結果的には、現職ではない新人の私が当選してしまったので、自分たちはどうなるのだろうという不安でいっぱいだったのです。当然表情もこわばります。

私は居並ぶ皆さんを前にして、「心配しないでください。すぐには無理かもしれませんが、十年くらいで、天竜の山を宝の山に変えてみせます」と、大見得を切りました。「こいつ、いきなり何を言ってんだ」といった戸惑いの気持ちが、表情にありありと表れていました。

そこで私は、自分がなぜそうした発言をしたかの理由を説明しました。

「今、国産材は低迷していますが、いずれ市況は回復するのではないかと推測します。世界的に地球温暖化の問題に対する関心が高まっていますが、温暖化を加速させる大きな原因の一つが、地球規模で進んでいる森林破壊です。森を違法に伐採し、安い木材として販売し、それが売れると、さらに森林を壊し続けるという負の連鎖が続いています。このまま放置すれば、CO_2吸収源としての森林が地球からどんどんなくなります。結果的に温暖化が進み、やがて人類は地球に生存できなくなってしまいます。

この状況を阻止するためには、森林の違法伐採を止めなければなりません。いずれ必ずこの問題がクローズアップされ、森林破壊対策が進められると思います。そうすれば、市場から安い外材が排除され、相対的に国産材の価値が上がってくるのではないかと思います。

もう一つの要素は、中国などの急速な経済発展を遂げている国の木材需要が拡大すれば、これも国産材にとっては追い風になると思うのです。

いずれにせよ、一年二年では無理かもしれませんが、十年くらいすれば事態は好転するのではないでしょうか。そうした状況を信じ、今からいろいろな手を打っていけば、林業は再生させられると思います」

まだ皆さんの表情は緩みませんが、とりあえず周辺地域や林業を切り捨てる気がないことはわかっていただけたようで、少し安堵《あんど》されたようでした。私の林業への取り組みは、ここからスタートしました。

ＦＳＣ認証との出会い

以上のような問題意識を持ち、林業施策に取り組み始めたとき、ＦＳＣ認証に巡り合いました。瞬間的に「これだ！」と思いました。

ＦＳＣはForest Stewardship Councilの略で、「森林管理協議会」と訳されます。持続可能な森林管理を進める団体で、ドイツのボンに本部があります。

ＦＳＣは、地球規模で進む森林破壊の問題を解決するために、一九九四年に設立されました。一九八〇年代、欧米では熱帯産の木材が環境破壊や人権侵害につながっているということで、熱帯材の不買運動が起こっていました。

しかし不買運動では、適切に森林管理を行っている生産者の木材も区別なく不買につながり、木材が売れなくなった林業者が森林を伐採し、農地に転換してしまうなど、結果的に森林破壊を止めることはできませんでした。

そこで、適切に管理された森林からの木材を選別して購入できる認証制度の必要性が検討され、二六カ国の環境ＮＧＯ・林業者・林産物取引企業・先住民団体などが中心となって設立されたのがＦＳＣです。まさに私の問題意識とピタリと符合しました。

ＦＳＣ認証には、森林管理を認証するＦＭ（森林管理）認証と流通・加工を管理するＣｏＣ認証の二つがあります。

ＦＭ認証は、一〇の原則、七〇の基準、さらにその下に約二〇〇もの細かい指標があり、この規格に沿って審査を受け、大きな不適合がなければ認証を受けることができます。

一〇の原則は、㈠法律の順守：森林管理や取引に関する国内法や国際条約が守られているか？　㈡労働者の権利と労働環境：労働者の権利や安全は守られているか？　㈢先住民の権利：先住民の権利は侵害されていないか？　㈣地域社会との関係：地域社会と連携し、よい関係を築いているか？　㈤森林のもたらす便益：森林の多面的な機能が考慮されているか？　㈥環境価値と環境への影響：環境への影響は評価され、環境が守られているか？　㈦管理計画：きちんとしたデータや情報に基づく計画がされているか？　㈧モニタリングと評価：環境や社会への影響がモニタリングされ、負の影響が抑えられているか？　㈨高い保護価値：森林の生態的、社会的に高い保護価値は守られているか？　㈩管理活動の実施：管理活動は計画通りに行われているか？　の一〇項目です。

これらの原則・基準は国際的に共通で、ＦＳＣ認証の取得を希望するすべての森林に適用されます。

一方、森林のみならず、流通・加工に関わる業者には、ＣｏＣ認証があります。加工・流通過程でＦＳＣ認証材が他の不適格な木材（例：違法木材など）と混ざってしまっては意味がありません。本当に適格な製品のみにＦＳＣ商標が使用されるよう、ＦＳＣにはＣｏＣの細かい規格、ルールがあり、認証材、製品を扱う業者はこのＣｏＣのルールを満たし、認証を取得している必要があります。

使用されるＣｏＣ規格は、対象となる組織の業務内容、形態、拠点の数、認証製品の種類、原材料の種類などに応じて異なります。規格の内容には、認証原材料や製品がそうでないものから分別され、使ってもよい原材料の種類や量が規定を満たしているか、適切な表示をつけて取引されているか、記録はきちんと残されているか、などといったことが含まれます。

ＣｏＣ認証の対象となるのはＦＳＣ認証製品を取り扱うすべての組織であり、これには伐採業者、加工業者、製造業者、流通業者、印刷業者、小売業者などが含まれます。ＦＳＣ認証製品をＦＳＣ認証の表示つきで販売したり、ＦＳＣ認証製品として宣伝するには、必ずＣｏＣ認証を取得しなければなりません。

たとえ認証林から生産された木材でできた製品であっても、ＣｏＣ認証を受けていない業者の手を経たものは、加工・流通過程で本当にきちんと管理されているか確認されておらず、トレーサビリティ（追跡可能性）が確保されていないので、認証製品と呼ぶことはできないのです。

以上のように、ＦＳＣ認証は、木材流通の川上から川下まで、厳しい国際的なルールのもとに運用されており、認証が取得できれば、国内向け、国外向け問わず木材の価値が上がり、ブランド化が進みます。

ＦＳＣ認証林面積日本一に

最初に林業関係者の方々とお会いしたとき、「いずれ森林破壊による地球温暖化の問題が深刻化すれば、持続可能な森林経営に向け世界が動き出し、国産材の価値が上がると思う」という話をしましたが、ＦＳＣ認証が、まさにその答えだったのです。

私たちは、すぐに認証取得に向け動き始めました。しかし順調に事が進んだわけではありませんでした。何しろＦＳＣ認証を取得するためには、手間暇がかかりますし費用もかかります。最近ではＦＳＣ認証の認知度も上がってきましたが、私たちが取り組み始めたころは、ほとんど知られていませんでした。

したがって最初は林業関係者の方々も、製材加工業者も建築関係者も、ＦＳＣ認証に否定的でした。認証を取得しても、すぐにビジネスに結びつくことが想像できなかったからです。そこでＦＳＣ認証に関するシンポジウムを開いたり、市が認証取得費用を補助したりして、粘り強く説得していきました。

そしてついに二〇一〇年三月、浜松市内の天竜区及び北区引佐《いなさ》地域の森林のうち、一万八四〇〇haがＦＳＣ森林認証林として認められました。その後認証面積は拡大し、現在四万九四四一haが認証を取得しており、市町村別取得面積では日本一です（二〇二三年四月現在）。市内全体の森林面積が約一〇万haですから、約半分が認証林になりました。もともとこの地域の森林はよく管理をされていましたが、これだけの成果を上げられたのは、関係者の努力の賜物だと思います。

ちなみに本地域の取得は、市内の六森林組合をはじめ、浜松市、静岡県、天竜林業研究会などで構成する「天竜林材業振興協議会」が行いました。森林組合や国・県・市が連携してＦＳＣ森林認証を取得するのは全国初です。

ＣｏＣ認証のほうの取得も順調に進み、加工、製材、建築など、七〇社近い数の企業が認証を取得しました。この結果、ＦＳＣ認証材を扱う日本一の産地が出来上がりました。そしてこの産地力をベースに、地産地消、地産外商の活動が始まりました。

ＦＳＣ・ＣＬＴ利活用推進協議会

浜松信用金庫（現・浜松いわた信用金庫）、遠州信用金庫、浜松市が二〇一五年七月に締結した「地方創生に係る相互協力及び連携に関する協定書」に基づく事業の一環として、浜松地域で生産された木材の地産地消による地域産業の活性化や地方創生等に向け、「浜松地域FSC・CLT利活用推進協議会」が設立されました。

CLTとは、Cross Laminated Timber（直交集成板）の略称で、ひき板（ラミナ）を並べたあと、繊維方向が直交するように積層接着した木質系材料です。厚みのある大きな板であり、建築の構造材のほか、土木用材、家具などにも使用されています。世界的に木造の高層建築が建てられていますが、その構造材として使われているのがCLTです。

この団体の特徴は、地元金融機関が先頭に立って、木材関係者やゼネコン等と連携し、地域材を活用した木造建築を増やしていることです。

もちろん市が建設する学校などの公共施設には地域産のFSC材をフルに活用していますが、地元金融機関なども支店を建設するときには、FSC材を使っていただいています。その結果、建物ごとにFSC認証を申請する「プロジェクト認証」を取得した建築物が増えてきました。

オリンピック施設への売り込み――何としても隈研吾氏の案を

FSC認証に取り組んできた浜松にとって絶好のチャンスがやってきました。それは東京オリンピックです。オリンピックは、地球環境に配慮することが、大方針の一つになっていますから、オリンピックの施設で使われる木材は当然、認証材が調達の条件になります。

全国には浜松以外にも認証林がありますが、認証材を最も安定して供給できる産地として、オリンピック施設への売り込みは、他の産地に絶対に負けられません。そこで私自らのオリンピック施設へのトップセールスを始めました。

まず初めに取り組んだのが、国立競技場への売り込みです。オリンピックのシンボルであり、日本の競技場の頂点に立つ国立競技場に、浜松産の木材をより多く供給することは、レガシーとなるだけでなく、その後の営業にも大きく貢献してくれるはずです。他の産地より多くの木材を売り込まなくてはなりません。

ここで問題が生じました。国立競技場は二グループによるコンペとなったのですが、どちらに決まるかによって、浜松産の木材が入り込む余地がなくなる可能性が出てきたのです。

二グループは、建築家の隈研吾《くまけんご》氏を中心としたグループと伊東豊雄《いとうとよお》氏を中心としたグループでした。隈氏のA案は、杉やヒノキをふんだんに使う提案でした。一方、伊東氏のB案は、カラ松をふんだんに使う提案です。浜松は杉、ヒノキの一大産地ですが、カラ松はありません。したがって伊東氏の案が採用されれば、浜松産木材は使われる余地がなくなります。

何としても隈氏の案を採用してもらわなければなりません。すぐに自分のネットワークを駆使して、案の決定に深く関与するであろうと思われる政府高官に電話を入れました。「隈さんの提案するA案に決めてもらわないと浜松が困ります。何としてもA案でお願いします」。もちろん「わかった」と言うわけはありませんが、何となく電話の様子でA案が有力ではないかという感触を得ました。見切り発車で、隈研吾事務所に面会のアポイントを入れました。

アポイントの当日は、隈氏のA案が採択された翌日でした。決定とほとんど同時に営業に来たことに、隈氏は驚いていました。もちろん木材の使用については慎重な物言いでしたが、いち早く営業に行った浜松市については、強く印象に残ったと思います。

次に、設計を担当する梓《あずさ》設計にアプローチしました。スポーツ施設の設計では定評のある会社ですが、これまで特につながりはありませんでした。そこで知り合いのゼネコンから紹介を受け、梓設計に食い込みました。次はゼネコンの大成建設です。大成建設には、梓設計から紹介を受け、営業に出向きました。担当者も含め、浜松市はかなり積極的に木材の売り込みに動きました。結果的には、他の産地より多くの木材を供給することができました。量については非公表ですので割愛しますが、まずは成功裡に事が運びました。

有明体操競技場の外装木材の半分以上が浜松産木材

次なる営業目標は、有明の体操競技場（現・有明GYM-EX）です。こちらは清水建設が担当

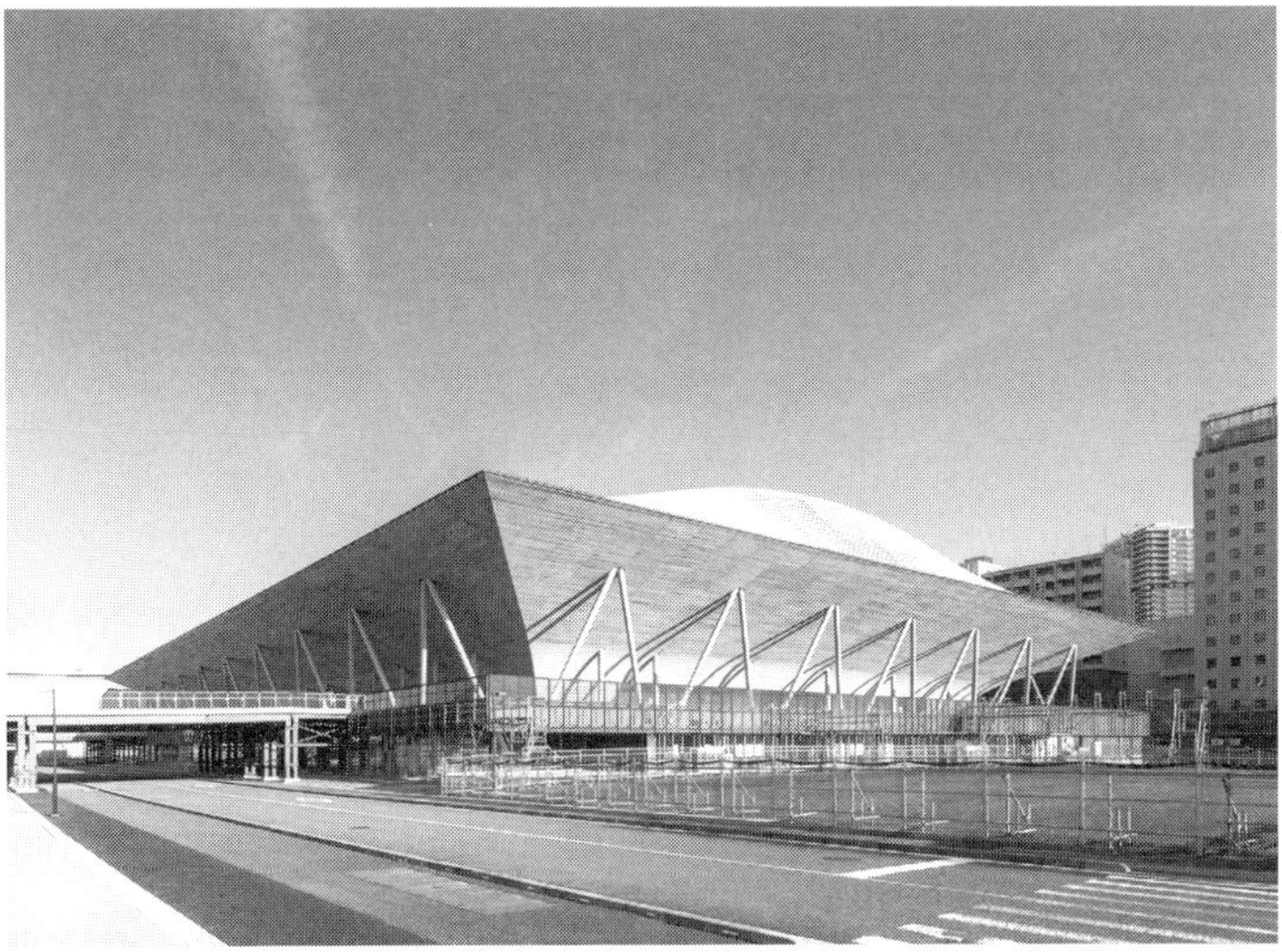
有明体操競技場

することになりました。清水建設への営業とともに、木材商社へのアプローチが必要との情報を得て、清水ならびに木材商社へ営業攻勢をかけました。

幸い、木材商社には浜松産の杉などの品質を高く評価していただきましたので、営業は成功しました。結果的に有明体操競技場の外装に使う木材八〇〇㎥のうち、四二六㎥も浜松産の木材を使っていただきました。実に五割以上です。全国に多くの産地があるなかで、これだけの量を使っていただいたことは本当に有難いことです。有明体操競技場の外壁を見るたびに、誇らしく思います。ちなみに有明体操競技場は、二〇二〇年のウッドデザイン賞で最優秀賞の農林水産大臣賞を受賞しました。浜松産木材の品質の良さも、最優秀賞受賞に貢献しているのではないかと思います。

さらにこうした取り組みは、産地力強化にもつながりました。オリンピック施設には、短期間に大量の木材を供給しなければなりません。浜松市内には、中小の製材加工業者はあっても、大手はありません。そこで製材加工業者が「天竜材水平連携協議会」という横連携の組織をつくり、全体として大量の木材を供給できる体制を構築したのです。これにより、今後も大型物件に対応することができるようになりました。

このほか全国の他産地とともに、オリンピック選手村へも浜松産木材を供給しました。非公開の部分もあり、一概には判断しづらいところもありますが、おそらく浜松市は、オリンピック施設に最も多くの木材を供給した産地になったのではないかと思います。この成果を今後の浜松産木材の普及につなげていきたいと思います。

ＳＤＧｓとＦＳＣ認証

ＳＤＧｓは、二〇一五年の国連総会で全国連加盟国が承認した、二〇三〇年までの「持続可能な一七の開発目標」のことです。この目標達成に向けて、すべての国が努力をしなければなりません。それは政府だけでなく、自治体、企業、国民も同様です。最近では学校の授業でもＳＤＧｓが取り上げられ、急速に認知度が上がっています。

なかでも地球温暖化防止は、最重要の取り組み項目です。大企業などは、温室効果ガスの排出抑制や環境への貢献が厳しくチェックされるようになり、企業評価を左右するようになってきました。

世の中を席巻《せっけん》し始めたSDGsですが、このSDGsとFSC認証は、きわめて親和性が高いのが特徴です。SDGsの浸透は、FSC認証の普及啓発にも大きな追い風となっています。

二〇一八年には、イオン、イケア・ジャパン、花王、キリンホールディングス、スターバックス コーヒー ジャパン、日本生活協同組合連合会、日本マクドナルドホールディングスの大手七社が、FSC認証材の調達宣言を行いました。調達宣言の中身は以下の通りです。

〈FSC認証材の調達宣言二〇二〇〉

私たちは、国連の持続可能な開発目標（SDGs）に記されている、持続可能な未来と天然資源の責任ある利用の実現に向けて、私たちの生産活動において不可欠である持続可能な紙製品調達のため、以下のことを宣言いたします。

一、木材、紙パルプ、ダンボール、容器包装用紙等の森林資源について、二〇二〇年までにFSC認証の原材料・製品を調達する具体的な目標を掲げます。

二、二〇二〇年以降にはＦＳＣ認証の原料・製品における持続可能な森林資源調達が当たり前のものとなるよう、業界のリーダーとなり、共に二〇二〇年目標の達成を目指します。
三、二〇三〇年に持続可能な開発目標（ＳＤＧｓ）のゴール一二「つくる責任つかう責任」及び一五「陸の豊かさも守ろう」を達成することを目指し、消費者にもＦＳＣマークの付いた製品を選ぶことの重要性を伝えていきます。

大手企業が先頭を切って、ＦＳＣ認証材の調達、普及に力を入れ始めました。この流れは今後ますます加速していくと思われます。

こうした動きと呼応するかのように、浜松のＦＳＣ認証材の引き合いもずいぶん増えているそうです。

天竜の山が宝の山に変わりつつある

ある若い製材会社の社長が、こんな話をしてくれました。

「父親の後を継いで、製材会社を経営していましたが、先が見えず廃業しようと考えていました。そうした矢先にＦＳＣ認証の取り組みが始まり、未来に光明が見え始めました。もし市長が

ＦＳＣの取り組みをしてくれていなかったら、会社を廃業していたと思います。本当にありがとうございました」

将来、森林破壊や温暖化の問題が深刻化したら、ＦＳＣ認証は必ず価値を持つと考えていましたが、ようやく社会のなかでＦＳＣ認証が認知され始めました。それと同時に、市長就任時に林業関係者の皆様に約束をした「天竜の山を宝の山に変えてみせる」という約束も少しずつ果たせつつあります。いつか、かつてのような隆盛を誇る天竜地域を見てみたいものです。

多文化共生社会の構築――外国人問題との出会い

一九九三年の入管法改正で、日系という資格があれば、外国人が無条件で日本に入国し働けるようになりました。それまで日本政府が頑《かたく》なにこだわってきた、単純労働目的の外国人は入国させないという原則が、初めて破られました。この改正を機に、ブラジル人、ペルー人などの南米系日系人が、大挙して日本にやってきました。

改正の契機となったのは人手不足です。特に製造業の現場での人手不足が深刻化し、経済界からの強い要請により、方針を転換させました。

ただし当初、日本政府は、外国人は日本でお金を稼いだら、短期間で本国に帰国してくれるだろう、と安易に考えていました。いわゆる「デカセギ」と呼ばれるものです。しかし日本政府の想定に反して、日本にやってきた日系人は家族を呼び寄せ、定住化への道をたどりました。

外国人が定住し始めた自治体や地域では、彼らとの共生の問題が持ち上がりました。税や年金、保険などの制度の違いからくる問題、文化の違いから生じるトラブル、子供たちの教育の問題など、生活していくうえでのさまざまな課題が突き付けられました。

特に市民の生活全般を支える基礎自治体は、現実から逃れられません。日本政府は何の手立ても講じることなく、自治体にこの問題を押し付けましたので、自治体の試行錯誤の取り組みが始まりました。

浜松市は自動車などの輸送用機器産業が盛んな地域ですので、浜松にも多くの日系外国人が働くためにやってきました。特に日系ブラジル人は、リーマンショック前の最盛期には二万人を超えていました。実数としては日本一です。最近は半分の一万人程度になりましたが、それでも相変わらず人数は日本一です。

したがって、日系外国人が定住化し始めた他の自治体と同じように、浜松市も外国人との共生、すなわち多文化共生の問題に向き合うようになりました。

当時、私は衆議院議員でしたが、多くの関係者の方からこの問題について話を伺い、国会でも取り上げなければならないと考え、質問をしました。

まず経済産業省に外国人労働者の受け入れ方針を問うと、日本の産業を維持するためには必要な労働力であるという答弁でした。そこで内閣府に、「では正々堂々と移民を受け入れるという方針に転換したらどうか」と問うと、「移民は受け入れないというのが国の方針であり、単純労働目的の外国人の受け入れについても、今後もしない」という答弁でした。

「国連では、一年以上その国に滞在していれば、『移民』と定義しているが、定住している日系外国人は移民ではないのか」と問うと、「移民の定義はさまざまであり、日本には移民はいないというのが自分たちの認識である」という答えでした。いかにも国の役人らしい答弁です。

次に、外国人が入国したのちの共生に関するさまざまな課題に対応しなければならない厚生労働省や文部科学省、総務省、外務省などに、受け入れについての具体的な対応方針について質問をすると、共通して「それは特定地域の問題なので国として対応することは難しい」という回答が返ってきました。

「人手不足解消のため、日本にルーツを持つ日系外国人を受け入れたら、定住化が進んだが、幸いなことに特定地域にとどまっている。したがって、受け入れ自治体のほうで何とか対処してほしい。移民は受け入れないという大原則がある以上、国としては慎重に対応しなければならず、簡単には手を出せない問題である」。これが国の本音だと思います。外国人受け入れの問題については、状況が大きく変わりつつあることについて、後ほど詳しく述べたいと思いますが、長い間、頑なな国の方針が揺らぐことはありませんでした。

ブラジル総領事館の誘致――ルーラ大統領へのトップセールス

市長に就任すると、外国人市民との共生問題、すなわち多文化共生が重要な施策の一つとなりました。国会議員のときと違い、自分が具体的な問題に対処していかなければなりません。就任直後に課題となったのが、ブラジル総領事館の誘致です。ブラジル政府が、日本に新しい総領事館を開設するのではないかという情報が入りました。

当時、浜松ならびに周辺地域には多くの日系ブラジル人がいましたが、近隣では総領事館が名古屋にしかないので、ときどき名古屋から出前領事館のような形で浜松に職員が来て、事務をこなすというようなことが行われていました。しかし、これでは多くのブラジル市民の要望を満たすことはできません。浜松に総領事館を誘致してほしい、という要望が寄せられました。しかしその声はなかなか本国に届かず、事態は進展しませんでした。

そうしたなか、チャンスが訪れました。市長就任直後の二〇〇八年、日伯交流百年の節目の年を迎え、大々的に交流事業が進められました。特に日本から大訪問団を結成してブラジルを訪問する事業は大掛かりで、皇室からは皇太子殿下（現・天皇陛下）、政界からは麻生太郎氏をはじめ

浜松市のブラジル総領事館開設セレモニー

とする多くの国会議員、ブラジルとゆかりの深い県知事、市長、経済人などから構成されましたが、ゆかりの地として浜松市も参加することになりました。

サンパウロやリオデジャネイロなどでは、式典や記念事業が数多く開催されましたが、首都のブラジリアでは、大統領主催の晩餐会《ばんさんかい》や下院議長主催の午餐会などが開かれました。当時の大統領は、二〇二二年に再び大統領に返り咲いたルーラ大統領でした。

大統領主催の晩餐会では、わずかな時間ではありましたが、ルーラ大統領に謁見する機会を頂き、「浜松および周辺地域には多くのブラジル人が暮らしているので、ぜひ浜松に総領事館を開設してください」と陳情しました。大統領は、真剣に私の話を聞いてくださいました。

キナリア下院議長との昼食会は、ざっくばらんな会となり、議長と親しく話す機会を得られたので、チャンスとばかりに総領事館開設をお願いしました。キナリア議長からは、全面的に応援するという力強い前向きな発言を頂きました。

こうしたトップセールスも功を奏して、翌年の二〇〇九年九月、浜松市に念願のブラジル総領事館が開設されました。浜松及び周辺に住んでいるブラジル人の方々にとっては、身近に政府機関ができたことで、心強い環境が整備されました。浜松市にとっても、多文化共生の取り組みを総領事館と進めることができるようになり、大きな収穫となりました。

リーマンショック——外国人市民を見捨てるわけにはいかない

総領事館開設のころの大事件といえば、二〇〇八年に起こったリーマンショックがあります。米国の有力投資銀行であったリーマンブラザーズの破綻をきっかけに、世界的な大恐慌が発生しました。

リーマンショックは、日本にも大きな影響を与え、日本経済は大不況に陥りました。浜松市でも自動車関連企業などの売り上げが軒並み激減し、多くの企業が倒産するのではないかという危機感が頂点に達しました。

　当然その余波は、外国人市民にも及びました。多くの外国人労働者が「雇《やと》い止め」と呼ばれる解雇措置により失業しました。市内に在住していた日系ブラジル人も、同様の憂き目に遭《あ》い、多くが帰国支援事業によりブラジル本国へ帰国しました。その結果、最盛期には二万以上いた日系ブラジル人の数は、一万人以下になってしまいました。

　しかし、リーマンショックの逆境下でも浜松に残った外国人市民は、一生浜松に骨を埋《うず》めようという覚悟を持った人たちです。この人たちを見捨てるわけにはいきません。雇い止めに遭った人たちの再就職支援に乗り出しました。

外国人学習支援センター――上皇様と上皇后様がご見学に

　ところが、ここで大きな壁にぶつかりました。多くの外国人市民が日本語能力の問題で、再就職が難航したのです。これまで働いていた製造現場では、作業さえ覚えてしまえば、日本語ができなくても何とかなりましたが、サービス業等へ転職しようとすれば、とたんに日本語能力が問われます。

　日本で暮らす外国人市民には、日本語を習得してもらわなければならないことを改めて痛感しました。帰国予定もなく、日本に骨を埋める覚悟を持った人たちはなおさらです。そこで、外国人市民に日本語を勉強してもらうセンターを開設することにしました。

ただし、新たに建物を建てていたら時間とコストがかかります。そこで市の遊休資産を活用できないか、検討をしました。浜松市は一二市町村が合併したことにより、多くの公共施設を抱えることになりました。そのなかには合併市町村の旧庁舎もあります。ちょうど雄踏町《ゆうとうちょう》という自治体の町役場が解体リストに載っていました。解体理由は耐震診断の結果、耐震に問題があるということでした。

しかし旧庁舎は二階建てで、特に耐震に問題があるとも思えません。そこで再度耐震診断を実施することにしました。案の定、耐震性能に問題はありませんでした。うがった見方をすれば、浜松市は公共施設の統廃合にも力を入れていましたので、庁舎を解体する口実をつくるため、耐震性能を持ち出したのかもしれません。いずれにせよ格好の建物が見つかりました。

庁舎の一階には、外国人のための日本語学習教室、外国人に日本語を教える日本人ボランティアの養成教室などを整備しました。二階には、学校施設を探していた「ムンド・デ・アレグリア」という南米系外国人学校に貸与することにしました。

ムンド校は長い間校舎の問題に悩まされていましたが、安定した校舎を確保することになりました。また、庁舎の隣が運動場だったので、体育の授業もできるようになり、教育環境が格段によくなりました。

外国人学習センターとムンド・デ・アレグリア校が整備された施設は、浜松の多文化共生を象徴する建物となりました。二〇一八年には、上皇様と上皇后様が、天皇陛下と皇后陛下としての最後の行幸先として浜松をご訪問いただいたとき、この施設をご見学先にお選びいただくという栄誉にも浴しました。熱心にご見学されながら、外国人市民や子供たちと触れ合う両陛下のお姿に接し、整備して本当によかったと感じました。

不就学ゼロ作戦

多文化共生でいちばん大きな課題は、子供たちの教育の問題です。成人して独り立ちできるように、十分な教育の機会を提供しなければなりません。そのため市では、市の単独予算でバイリンガルの学習支援員や就学サポーターなどを雇って学校に派遣し、外国人の子供たちの学習支援を行ってきました。

しかしこうした手厚い支援を行っても、学校に来ない子供たちは支援の隙間からこぼれてしまいます。いわゆる不就学と呼ばれる子供たちで、そのまま教育を受けずに成長すると、大人になってからさまざまな問題を抱えることになります。

そこで浜松市では、「不就学ゼロ作戦」という取り組みを始めました。まず外国人市民の世帯調査を行い、学校に通っていなければならない学齢期の子供たちを洗い出します。次に、各公立学校、外国人学校に備えてある学齢簿と呼ばれる子供たちのリストと世帯調査の結果を突き合わせます。すると学齢簿に載っていない、つまり学校に通っていない可能性のある子供たちが浮き彫りになります。

次に、不就学が懸念される子供たちの家庭を一軒一軒、しらみつぶしに調査します。すると市外へ転出したりしているケースを除き、学校へ通っていない不就学の子供を発見できます。

不就学の理由はさまざまです。親が学校など行かせなくてもよいと勝手に判断し、学校へ通わせていないケース。外国人市民には、教育を受ける権利はあっても義務は課せられていません。したがって親が学校へ行かせなくても、義務教育違反になることはないのです。私たちは、日本人同様、外国人市民にも義務教育の義務を課せるよう、繰り返し国に提言していますが、未だ実現していません。

さて親の問題以外にも、不就学にはさまざまな問題があります。経済的に困窮していて、教育にまで手が回らないケース。日本語能力に問題があり、授業についていけず学校へ行かなくなってしまったケース。学校でいじめに遭い、不登校になってしまったケース等々、各家庭によって事情はいろいろです。

そこで原因がわかり次第、各家庭に寄り添った伴走型の支援を行います。日本語の問題で公立学校へ適応できない子供は外国人学校へ転校させる。学校でいじめに遭って不登校になってしまった子供は別の公立学校へ通わせるなど、きめ細かく対応し、一つひとつ解決していきます。

この結果、二〇一三年九月に、浜松市はついに「不就学ゼロ」を達成しました。その後は調査を継続しながら、不就学を発見すれば迅速に対応し、不就学ゼロの状態を維持しています。根気のいる取り組みですが、確実に成果は出ます。

特定技能制度が導入され、本格的に外国人を受け入れるようになったことを受け、新聞が不就学の実態を取り上げたことがあります。全国的には相当数の不就学の子供がいることに警鐘を鳴らした記事でした。文部科学省へのヒアリングも掲載されていましたが、特に有効な対策はないというのが文科省の回答でした。

私は目を疑いました。文科省は、浜松市の「不就学ゼロ」の取り組みを知っています。では、なぜ浜松のようにやれば、不就学を解決できると答えないのか。

おそらく全国的に同じような取り組みを推奨した場合、文科省の相当のテコ入れが必要になることを恐れているとしか思えません。こうした国のちょっとした対応からも、自治体依存のこの問題の本質が浮き彫りにされています。

外国人集住都市会議

外国人集住都市会議は、二〇〇一年浜松市の呼びかけで設立されました。一九九〇年の入管法改正で、多くの日系外国人が定住し、浜松と同様の課題を抱えている自治体が対象で、愛知県、三重県、滋賀県、静岡県、長野県、群馬県などの、主に自動車等ものづくり産業が盛んな都市が参加しました。

年に二回程度会議を開催し、多文化共生に関する調査研究や情報、知見の共有、そして国に対する政策提言を行ってきました。

特に国への政策提言は重要で、毎年関係省庁の官僚や政治家を招き、粘り強く提言を繰り返しました。その結果、いくつかの提言が国の政策に反映されました。

たとえば、外国人の日本語教育の充実では、日本語教育基本法が制定され、一定の前進が見られました。外国人の所在を把握するための外国人住民基本台帳制度も創設されました。まだまだ十分ではありませんが、外国人児童生徒への日本語指導等に対する教員の加配措置も実現しました。

「社会統合基本法の制定」と「外国人庁の創設」を――日本はすでに移民国家

　こうしたわずかずつの前進は見られますが、外国人問題の根幹に関わる提言については、いまだ実現していません。それは「社会統合基本法の制定」と「外国人庁の創設」です。

　移民を頑なに否定しようが、日本はすでに移民国家です。浜松市在住の約二万人の外国人のうち、実に八割が永住・定住の権利を持った方々です。浜松のみならず、全国には永住・定住外国人が数多くいます。この人たちを「移民」と言わなければ、何と定義するのでしょうか。

　国連は、一年以上滞在した外国人は「移民」と定義づけています。一年は短いとしても、日本に今後何十年も住むことを決めた外国人や終《つい》の棲家《すみか》とすることを決断した外国人が、多数存在する現実を考えれば、日本は間違いなく移民国家です。

　こうした現実から目を背《そむ》け、外国人を労働力としてしか考えないことが、さまざまな問題を引き起こしています。たとえば技能実習制度などを悪用し、外国人を劣悪な環境で働かせるケースが後を絶たないのは、日本が正面切って外国人を受け入れないことから生じる社会的歪みです。

　これからの少子高齢社会を考えれば、外国人材を活用しなければ日本は生き残っていけません。したがって鎖国政策を転換し、正面から外国人を受け入れることを国の方針として示すべきです。そして受け入れるからには、受け入れた後の社会統合（あるいは多文化共生）に責任を持たなければなりません。

そこで外国人集住都市会議では、多年にわたり鎖国政策の転換と社会統合基本法の制定を国に提言してきました。この基本法は、国の責務、自治体の責務、企業や団体の責務、国民の責務など、外国人との共生に関わるそれぞれの主体の役割を明記した多文化共生の指針となるものです。

一方、多文化共生は多くの官庁に関わることですが、これまで縦割りの弊害のなかで、責任ある施策が進められてきませんでした。そこで内閣府のもとに、省庁横断的にこの問題に取り組む「外国人庁」の創設も提言し続けてきました。消費者庁、こども家庭庁、デジタル庁など、省庁横断的な組織ができると、国の施策が大きく前進します。外国人施策に一元的に取り組む外国人庁も必要不可欠です。

引き続き、社会統合基本法（多文化共生法）と外国人庁の創設を国に働きかけていきたいと思います。

ドイツを見習って正々堂々と外国人の受け入れを

社会統合基本法の制定や外国人庁の創設など、外国人との共生に関する施策については、ドイツを大いに参考にすべきと考えます。

ドイツもかつては、国内の人手不足を補うため、外国人労働者をゲストワーカー（出稼ぎ）として活用していました。そして彼らはゲストワーカーであり、決して移民ではないという方針を貫いていました。しかし外国人労働者は家族を呼び寄せ、定住化を進めました。するとタテマエと実態の乖離《かいり》のなかで、さまざまな問題が発生しました。日本と全く同じ状況です。

こうしたなか、ドイツは、外国人を移民として正式に受け入れたほうが社会が安定すると考え、二〇〇四年に「移民受け入れ」という方針の大転換を行い、外国人制御法（移民法）を改正し、受け入れ規制を大幅に緩和しました。同時に連邦移民難民庁を創設し、本格的な外国人受け入れを始めました。

移民は受け入れない、と言いながら、一方で技能実習や留学生アルバイトなど姑息な方法で外国人労働力確保を図る日本は、そろそろドイツを見習って、正々堂々と外国人受け入れを表明し、制度を整えるべき時代になったと考えます。

世界民主主義フォーラムへの参加

欧州評議会という組織が、フランスのストラスブールにあります。この組織は、人権、民主主義、法の支配の分野で、国際社会の基準策定を主導する汎欧州の国際機関として、一九四九年に設立されました。日本もオブザーバー国として参加しています。

この欧州評議会では、年に一回「世界民主主義フォーラム」という大きな会議が開かれます。別名、民主主義のダボス会議と呼ばれるこの会議では、世界中から識者が集まり、人権や民主主義に関するさまざまな議論が行われます。

二〇一六年、浜松市はこの会議に招待を受け、これまで取り組んできた多文化共生のまちづくりについて話をする機会を頂きました。浜松の多文化共生の取り組みをアピールするよい機会でしたので、喜んでお引き受けし、浜松の紹介をしました。聴衆からは、移民国家ではない日本のなかで、外国人市民との共生社会づくりに取り組んでいることに対して、新鮮な驚きと好意をもって受け入れられたのではないかと思います。

インターカルチュラル・シティ・プログラムへの加盟

世界民主主義フォーラムでの発表を機会に、欧州評議会からインターカルチュラル・シティ・プログラム（ＩＣＣ）への参加を強く勧められました。ＩＣＣは二〇〇八年に欧州評議会の提唱で始まりました。

移民との関わりでは長い歴史を持つ欧州ですが、その最終形と呼ばれているのが、インターカルチュラルという考え方です。これは「移民やマイノリティなどの住民の持つ文化的多様性を、脅威としてではなく、むしろ好機ととらえ、街の活力や革新、創造、成長の原動力とする」という、まさに多文化共生の究極の考え方です。

欧州評議会ではこの理念に基づき、インターカルチュラル政策を進めるためのプログラムを開発し、賛同する都市がこのプログラムを実行しています。その数は欧米を中心に約一五〇都市に及びます。

浜松市の多文化共生施策は、多文化共生都市ビジョンに基づき進められていますが、第二次浜松市多文化共生都市ビジョンでは、外国人市民を「まちづくりを進める重要なパートナー」と位置付け、外国人市民のまちづくりへの参画促進、外国人市民の多様性を生かした文化の創造や地域の活性化などを重点施策に掲げています。

こうした考え方は、限りなくインターカルチュラル・シティの理念に合致します。三十年以上、多文化共生に取り組んできた浜松市は、課題解決型の多文化共生から積極的に外国人材を活用し、外国人材に活躍してもらう社会を目指すという価値創造型の多文化共生に挑戦していますので、すぐにインターカルチュラル・シティ・プログラムへの参加を決めました。

そして翌年の二〇一七年、浜松市において「インターカルチュラル・シティと多様性を生かしたまちづくり2017はままつ」と題した国際シンポジウムを開催し、その場で正式にインターカルチュラル・シティ・ネットワークへ加盟しました。日本初、アジア初の参加となりました。

コロナウィルスが流行する直前の二〇一九年九月には、ニューヨークの国連本部に世界中の元首が集まり、国際的なテーマを議論するハイレベル政治フォーラムが開かれました。この年のテーマは「ＳＤＧｓ」です。日本からは故安倍首相をはじめとする関係閣僚が参加をしました。

このフォーラムでは、世界の自治体代表のセッションも開かれました。ＳＤＧｓ未来都市に認定されている浜松市は、日本の自治体代表としてこの会議に参加し、私から浜松市のＳＤＧｓの取り組みを紹介しました。

発表内容の重要な柱の一つが、先進的な多文化共生施策でした。外国人住民を脅威ととらえるのではなく、街を共に築く重要なパートナーと位置付ける浜松市の取り組みは、世界の首長たちからも高く評価されました。

現在、神戸市がインターカルチュラル・シティ・プログラムへの参加を検討していますが、参加には至っていません。したがって日本では、今も浜松市が唯一の参加都市です。

菅さんの開けた風穴

二〇一八年十二月に入管法が改正されました。この改正は、ある意味で画期的ではありましたが、一方で日本の外国人への偏見の根深さを露呈させる結果ともなりました。

画期的だという点は、特定技能という資格要件は必要になりますが、初めて労働目的（いわゆる単純労働）の外国人の受け入れを正式に認めたことです。これまでは、原則労働目的の外国人は受け入れないと言いながら、技能実習生や偽装留学生を低賃金で働かせることによって、労働力不足を補っていました。つまり、ダブルスタンダードが当たり前のように常態化していたのです。

しかし特定技能制度ができたことによって、ようやく技能実習制度が見直されようとしています。特定技能で働く外国人は日本人と同待遇でなければなりませんし、特定技能の一号から二号へ移行できれば、家族の呼び寄せや定住への道も開かれます。

また「外国人材受け入れ・共生のための総合的対応策」がつくられ、日本に住む外国人を「生活者」として支援していくことが表明されました。さらにそうした施策を省庁横断的に進めるため、法務省傘下に出入国在留管理庁が設置されました。

これまでタテマエと実態の乖離に何の手も打とうとしなかった国の無策を考えれば、大きな前進ですが、「移民」や「外国人」に拒否反応を示す議員らに配慮したギリギリの選択であったことも窺《うかが》えます。

そのことを裏付けるかのように、当時の安倍首相が「受け入れに制限を設けているのだから、これは移民政策ではない」と国会で発言をしています。これは移民反対の空気が根強いことを意識した発言ですし、制度自体の立て付けにも苦心がにじみ出ています。

つまり本来であれば、外国人材受け入れ・共生のための総合的対応策を出す前に、外国人受け入れのための基本法である「社会統合基本法」をつくるべきであり、また規制官庁である法務省に出入国在留管理庁を設置するのではなく、内閣府のもとに「(仮)外国人庁」を設置すべきだと考えます。これは私が再三訴えてきたことです。

入管法改正を実質的に主導したのは、当時の菅義偉《すがよしひで》・官房長官です。菅官房長官は、外国人を正々堂々と受け入れる国家にしなければならないという信念をお持ちの方です。菅官房長官とは旧知の仲ですので、私の問題意識を率直にぶつけてみました。すると「康友さんの意見は理想だけど、一気にそこまでやろうとしたら自民党の中がまとまらない。そうなればすべて壊れてしまう」とおっしゃられました。

官房長官としての苦悩と本音がにじみ出た発言です。政治家は、厳しい現実のなかでベストを尽くさなければなりません。移民や外国人に対して、まだまだ拒否反応が強いなか、菅官房長官でなければ、ここまで大きな風穴を開けることはできなかったと思います。

現在、特定技能の職種の拡大や技能実習制度の見直しが進んでいます。日本の未来を考えれば、菅さんの開けた風穴を突破口に、外国人受け入れをさらに前進させなければなりません。

第四章　出世する街

自治体に重要なのは「発想力」

これからの自治体は、前例にとらわれず、新しいことにどんどんチャレンジすることが重要であることは、何度も申し上げてきましたが、そのためには「発想力」が必要です。

発想力を発揮するためには、固定概念にとらわれないことが重要であり、そのためには常識や慣例といった決まりきったものを鵜呑《うの》みにするのではなく、さまざまな角度から思考を繰り返すことによって、新しいアイデアを生みだそうとする努力をしなければなりません。

また常に好奇心旺盛《おうせい》に物事を吸収し、人と違った視点を持つことも重要です。そして最も重要なことは、新しいことにチャレンジするのですから、失敗を恐れないことです。

私も市長在任中は、常に発想力を発揮することに心掛けてきました。「先見力」で取り上げた産業政策やエネルギー政策、多文化共生政策などでも、新しい発想でチャレンジした取り組みをご紹介しましたが、次は直接的に発想力を駆使して取り組んだ事柄についてご紹介します。

「出世の街」への取り組み――浜松城活用への期待

多くの街には、シンボルとなる城があります。浜松にも浜松城があり、長年市民に親しまれてきました。市長に就任すると、城にこだわりを持つ方々から、浜松城を観光資源として、もっと活用してほしいという要望を頂くようになりました。

浜松城は、徳川家康公が築城したものであり、古い歴史を有しています。浜松という名前も、家康公が名付けたと言われており、現在の街の礎を築いたのもまさに家康公でした。

このように浜松城は重要な史跡ではありますが、明治以降に廃城の憂き目に遭い、最後は戦時中の空襲で建物がすべて焼失してしまいました。現在ある天守閣は、昭和三十三（一九五八）年に鉄筋コンクリートで復元したものであり、資料が全く残っていなかったので、土台に合わせて天守らしく再現したものです。したがって、野面積《のづらづ》みと呼ばれる石垣以外は、残念ながら歴史的な価値はありません。

浜松城は「出世城」

しかし、お城を愛する多くの方の願いも無下にはできません。どうしたものか思いあぐねているときに、ふと浜松城が「出世城」と呼ばれていることを思い出しました。浜松には「出世城」という日本酒もあるくらいです。そこで、その由来を調べてみました。

調べてみると、この出世城のストーリーが実におもしろいのです。ハードとしての城は活用できなくても、ソフト、すなわちこのストーリーは、大いに活用する価値のあることに気がつきました。

浜松時代に天下統一の礎を築く

まず、家康公にとって、浜松時代がきわめて重要な時代であることがわかりました。家康公は桶狭間の戦い以降も、今川と手を切るのか、織田と手を結ぶのか迷っていましたが、けっきょくは今川氏真《うじざね》公を見限って、信長公と結んで徐々に今川領だった三河《みかわ》の国を切り取っていきました。同時に武田信玄公と手を結んで、間に挟まった氏真公を討って遠江《とおとうみ》を手に入れました。

三河、遠江の二カ国の国主になると、統治をするのに岡崎は西に寄りすぎています。新しく手に入れた遠江を安定させるため、また織田信長公の示唆もあって、遠江に新しい城を築こうということになりました。そして選んだ地が、当時「引馬《ひくま》」と呼ばれていた浜松でした。家康公二十九歳のときであり、石高はたった四万石でした。

この浜松時代に、家康公最大の敗戦となる「三方ヶ原の戦い」を経験し、大きな成長を遂げます。その後は、織田信長公と連携し宿敵武田氏を滅ぼし、その恩賞として駿河《するが》を拝領します。その信長公が本能寺の変で亡くなると、自力で領土を拡大し、甲斐《かい》、信濃《しなの》を手中にし、三河、遠江、駿河と合わせて、五カ国を統治する大大名になりました。石高は百万石を超え、豊臣秀吉公に次ぐ戦国第二の武将になったのです。

しかし、信長公の後継者となった豊臣秀吉公との関係が悪化し、一五八四年に小牧《こまき》・長久手《ながくて》の戦いが起こりました。家康公は戦いに勝利するものの秀吉公と和睦をし、一五八六年に秀吉公の臣下となり、同年駿府《すんぷ》城へ移ります。家康公四十五歳のときです。

こうして見ると、二十九歳から四十五歳という人生で最も重要な十七年間を浜松で過ごしたことになり、この間四万石から百万石の大大名へと飛躍をし、天下統一の礎を築きました。

江戸時代も続く出世ストーリー

江戸時代になっても浜松の出世運の勢いは止まりません。重要な城に位置付けられていた浜松城の城主は、次々と老中、寺社奉行、京都所司代などの幕府の要職に抜擢《ばってき》されます。今の世で言えば、大企業の浜松支店長が東京の本社に戻り、役員に昇進するようなものです。

歴代藩主のなかで、いちばん有名なのが水野忠邦《ただくに》公です。「天保の改革」で歴史の教科書にも登場する忠邦公ですが、もともとは唐津《からつ》藩の藩主でした。しかし唐津では出世に限界があると感

浜松城

じた忠邦公は、自ら願い出て浜松藩の藩主になります。

当時唐津藩は二十五万石ですが、浜松藩は十五万石です。つまり十万石も石高の低い藩への転封を願い出たことで、世間では驚きをもって見られました。当然ほとんどの家臣は、藩主の決断を諌《いさ》めました。家老に至っては、忠邦公を諌めるために自死しています。しかし忠邦公の決意は固く浜松藩主となり、それが功を奏して、とうとう老中にまで上り詰めます。まさに出世城を象徴する人物です。

こうして浜松城の「縁起のよいお城」という評判は、定着していきました。

明治以降も世界的な経営者が次々と

家康公銅像（浜松城）

浜松市が産業都市として自立的に発展したことは、産業政策のところでご紹介しましたが、そうした産業都市の礎を築いたのが、明治以降に現れた世界的な経営者です。

スズキの創業者・鈴木道雄氏、ホンダの創業者・本田宗一郎氏、ヤマハの創業者・山葉《やまは》寅楠《とらくす》氏、カワイの創業者・河合《かわい》小市《こいち》氏など、一地方都市からこれだけの世界的経営者が生まれたのは奇跡的なことです。

私の決意は固まりました。徳川家康公、代々の浜松城主、そして明治以降の世界的な企業家。こうした成功者を生んだ浜松には「出世運が根付いている！」「そうだ！　浜松を出世の街で売り出そう」。

志を遂げるのも「出世」

私の目指す出世は、単に高い地位を得るということだけでなく、「志を遂げる」という意味も含んでいます。

徳川家康公の功績は、「厭離穢土《おんりえど》 欣求浄土《ごんぐじょうど》」の旗印を掲げ、戦乱の世を平定し、戦のない平和な世を築こうという志を貫き、見事実現したことです。

二百六十年以上戦争がなかった江戸時代は、歴史的に見ても奇跡的なことであり、世界では「パクス・トクガワーナ（徳川の平和）」として高く評価されています。徳川家康公の出世の価値は、日本一の権力者になったことではなく、日本に平和と繁栄をもたらしたことにあるのです。

明治以降の浜松の経営者も、それぞれ高い志を持っていました。スズキを創業した鈴木道雄氏は、庶民の味方となる廉価で質の高い軽自動車を開発しました。スズキが普及させた軽自動車は、今ではすっかり庶民の足として定着しました。

西洋の独壇場だったピアノの国産化に成功した山葉寅楠氏創業のヤマハと河合小市氏創業のカワイの二社は、スタインウェイと並ぶ世界三大ピアノメーカーにまで成長しました。

こうして「人生の成功と志の達成」を実現できる浜松の持つ不思議なパワーを、世にＰＲする活動を始めました。

出世大名家康くん——伝説のゆるキャラ誕生

出世の街はままつのプロモーションのためには、シンボルが必要です。私は、当時ブームになり始めていたゆるキャラに目をつけました。ひと目で「出世の街」を表現できるゆるキャラ。そう、「出世大名家康くん」です。自分のなかには、明確なコンセプトができていました。あとは形にするだけです。企画部の職員にゆるキャラ開発の指示を出しました。

しかし、開発作業をする必要はなくなりました。

そのころ、偶然にも市政百周年事業で記念のキャラクターを作ろうということになり、全国公募を行っていました。デザインのプロからアマチュアまで、全国からさまざまなキャラクターが寄せられてきました。そのなかの一点に驚きの作品がありました。それがまさに「出世大名家康くん」そのものだったのです。

作品を見た瞬間の衝撃は今でも忘れません。電流が走るとは、まさにこのことです。鰻のちょんまげ、ミカン印の紋付、ピアノデザインの袴《はかま》、現在の浜松のゆるキャラ「出世大名家康くん」です。まさに私のイメージしていたキャラクターでした。一瞬で採用が決まりました。

この作品を応募していただいたのは、鹿児島のデザイナーの方でした。それまで一面識もありませんし、打ち合わせをしたわけでもありません。おそらくインターネットなどで、浜松の情報を収集し、考えられたのだと思います。世の中には同じ発想をする方がいるものです。タイミングの良さも含めて、何か運命的なものを感じました。

「はままつ福市長」の交代

家康くん採用には、一つ困った問題がありました。それは、浜松市にはすでに公認のゆるキャラがあったのです。フジオ・プロダクションが権利を有している「ウナギイヌ」です。皮肉なことに、市長就任時の私の最初の仕事が、ウナギイヌの使用許諾に関する契約でした。細かな事情もわからず、すでに決まったこととして調印に臨みました。鰻が名産だからウナギイヌという安易な発想にも違和感を覚えましたし、プロダクションが権利を持っているキャラクターを使うことも、長い目で見てどうなのだろうかという疑問もありましたが、後戻りできないという事情で調印をしました。

しかし、ウナギイヌは四年間、浜松市の「はままつ福市長」としての職責を果たしてくれました。福市長という名称は、私がつけたものです。市長を補佐する役割と福を呼び込む役割を掛け合わせた造語です。当時は赤塚不二夫先生もご存命で、使用料含めて便宜を図っていただき、さまざまなイベント等でウナギイヌは活躍してくれました。

ちょうど家康くんが誕生したころ、赤塚先生がお亡くなりになり、ウナギイヌの使用に関して、見直しの話が持ち上がりました。そこで契約を更新しないことにしました。フジオ・プロには、丁重にこれまでのお礼と契約解除の意向をお伝えし、了承していただきました。

しかしウナギイヌから家康くんへ、唐突にキャラクターが移行するより、何かストーリーがあるほうが自然だろうと考えました。そこで思いついたのが福市長の交代です。「人間の副市長にも任期があるのだから、キャラクターの福市長に任期があってもおかしくはない。ちょうどウナギイヌが福市長に就任して四年だから、市長の任期と同じ。そこで任期が終了したということにしよう」というストーリーをつくりました。

そして、ウナギイヌの福市長退任式と出世大名家康くんの福市長就任式を実施しました。当日は多くのマスコミの方にも取材に来ていただき、話題になりました。これで正式に浜松市福市長「出世大名家康くん」が誕生しました。

ゆるキャラグランプリへの挑戦

出世の街のシンボルである「出世大名家康くん」は誕生しましたが、家康くん自体を世に出さなければなりません。家康くんの天下取り大作戦が始まりました。

当時はゆるキャラが大きなブームとなっており、毎年ゆるキャラ日本一を決める「ゆるキャラグランプリ」が開催され、大いに盛り上がっていました。熊本のくまモン、彦根のひこにゃんなど、グランプリに輝いたゆるキャラは、全国的に有名になりました。

出世大名家康くんは、二〇一二年のグランプリから参加しましたが、最初は七位という惨憺《さんたん》たる結果でした。加熱するコンテストを勝ち抜くためには、市を挙げての取り組みが必要です。二〇一三年のグランプリでは、選対本部を立ち上げ、本格的に選挙運動を展開しました。私も毎朝、企業の入り口に立って投票依頼をする「門立ち」をはじめ、自分の選挙さながらの活動を展開しました。

グランプリに懸ける不退転の決意を示すことと話題づくりのため、「もし優勝できなかったら、家康くんが髷《まげ》を切って出家をする」という公約を掲げ、市民に投票の呼びかけをしました。

途中まで順調に票を伸ばし、一位を維持していましたが、最終的には二位でした。結果には疑問が残るものの順位はくつがえりません。やはり優勝と二位では雲泥の差があります。残念ですが、二位以下はその他大勢です。

約束通り、都内のホテルで家康くんの断髪式と出家の儀式を行いました。このときも多くのマスコミの皆さんに報道していただきました。転んでもタダでは起きません。断髪した家康くんは、白い頭巾《ずきん》をかぶり、しばらくのあいだ「出世大名」ではなく、「出家大名家康くん」として活動することにしました。

しかしいつまでも出家させておくわけにはいきません。ほとぼりが冷めたあたりで、僧侶が俗人に戻る還俗《げんぞく》を行う計画でした。それは浜松にあるうなぎ観音のおつげで、再び鰻のちょんまげを結うというものです。首尾よく家康くんを還俗させました。

悲願のグランプリ獲得

さて、二年連続でゆるキャラグランプリに参加しましたが、毎年グランプリに労力を使うわけにはいきません。そこで三年目を最後の年として、区切りをつけることにしました。二〇一四年から投票方法が、オンライン投票だけでなく、開催地でのリアルな投票の数を加えて最終結果を決めるという方法に変更されました。つまり開催地が有利になるということです。

ゆるキャラグランプリを獲得した「出世大名家康くん」(左)

浜松市は開催地に名乗りを上げ、二〇一五年の開催地に決まりました。そこで二〇一五年をゆるキャラグランプリの最終年とし、優勝に向けて背水の陣で臨むことにしました。

プロジェクトチームを結成し、以前にも増して万全の選挙体制をつくり上げました。三年目ともなると、市民の間にも「家康くんを悲願の日本一に」という気運が生まれ、自発的な応援団がいくつも結成されました。準備は整いました。いざ出陣です。

しかし二〇一五年のグランプリでは、思わぬ強敵が出現しました。愛媛県のゆるキャラ「みきゃん」です。指揮を執るのは、県知事の中村時広氏。昔からの友人です。松山市長を経て、愛媛県知事になった名首長であり、素晴らしい政治家でもあります。リーダーとしての実力も申し分ありません。厄介な相手が出てきたと思いました。

予想通り、投票では家康くんとみきゃんの抜きつ抜かれつのデッドヒートとなりました。他とは断トツの開きができましたので、優勝はどちらかに絞られました。オンライン投票では、最後まで予断を許さない状況が続きましたが、若干愛媛に負けていました。

いよいよ最終の開催地投票です。二日間のイベントのあいだ、会場で投票が行われますが、やはり開催地の強みです。多くの市民が会場に駆けつけてくれました。

結果的には、愛媛のみきゃんを抑えて、逆転で出世大名家康くんが二〇一五年のグランプリに輝きました。苦節四年、ようやく天下を取ることができました。

苦労した職員や市民の皆さんの喜ぶ姿を見たとき、日本一を目指して本当によかったなあと思いました。たかがゆるキャラ、されどゆるキャラです。

徳川家広氏、磯田道史氏との出会い

出世の街はままつの取り組みをしていると、不思議なご縁に巡り合いました。それは徳川宗家十九代徳川家広氏との出会いです。今から十数年ほど前、私の知人が主催した会合に出席されていたので、浜松市の市長であることを告げ、出世の街はままつの取り組みをご紹介しました。当時は静岡市や岡崎市との関係が深く、最初は浜松市の取り組みに、あまり関心を寄せていただけませんでした。

しかしその後、お付き合いが深まるとすっかり浜松のファンになっていただき、現在は浜松市の文化顧問もお務めいただいています。ご縁は大切にしなければなりません。

その徳川氏から「私の友人が、今度浜松の大学の先生になるので、よろしく」と言われて紹介いただいたのが、磯田道史《いそだみちふみ》氏です。皆さんもよくご存じの、今やテレビに出ない日はないくらい売れている新進気鋭の歴史学者の先生ですが、当時はまだ無名で、茨城大学から浜松の静岡文化芸術大学に移られてきたばかりでした。

紹介いただいた場所がまたユニークでした。浜松市内にある松韻亭《しょういんてい》というお茶室で、徳川さんが催したお茶会でした。参加したのは、お茶をたてる女性以外は、徳川家広氏、磯田道史氏、じねんグループ代表の秋元健一さん、そして私でした。のちに出世の街はままつプロジェクトのキーマンになる四人が初めて一堂に顔を合わせました。否、この不思議な会合を皮切りに、出世の街プロジェクトが進化していったと言っても過言ではありません。

同じ下宿屋に住んでいた

磯田道史先生とも不思議な縁があります。お互いに慶應義塾大学の同窓生なのですが、三田のキャンパスに通っているときに偶然、同じ下宿屋に住んでいたことがわかりました。

その下宿屋は高輪《たかなわ》にある清林寺という小さなお寺ですが、先々代が徳川家ゆかりの増上寺《ぞうじょうじ》の管長を務めていたという由緒あるお寺です。何百とある下宿やアパートのなかで、同じところを選んだというのが不思議ですし、清林寺が徳川家と深いご縁があるというのも運命的なものを感じます。

磯田先生に出世の街はままつの取り組みをお話しすると、大変興味を持っていただき、「自分が浜松にいるあいだは、全面的にプロジェクトに協力する」と言っていただきました。現在は、京都にある国際日本文化研究センター教授を務めていらっしゃいますが、今でも浜松の文化顧問を務めていただいています。

出世のパワースポット

一つのことを突き詰めていると、不思議なことにいろいろな人が寄ってきて、取り組みが広がっていきます。それが力を持った方であるとなおさらです。出世の街はままつの取り組みでいえば、磯田道史先生がその人です。

何かあると、磯田先生はアポなしで市長室に飛び込んでこられるのですが、あるとき、いつも以上に興奮した面持ちで来られました。そしていきなり「市長、大変なことを発見しました。浜松は家康公だけではありません。豊臣秀吉公とも深いご縁があり、二人に関係するすごいパワースポットを見つけたんです」と言われました。

それはこういう話でした。浜松城の隣に浜松東照宮という小さな神社があります。東照宮というくらいですから、家康公をお祀《まつ》りする神社なのですが、これまでは地元の人以外、ほとんど知られていない場所でした。しかし歴史的には重要な場所であり、かつて引馬城《ひくまじょう》というお城があったところです。

引馬城は今川時代には、飯尾豊前守《いのおぶぜんのかみ》という武将の居城でした。この飯尾の配下に松下嘉兵衛という武将がいて、豊臣秀吉公が十六歳のころ、引馬（後の浜松）に流れ着いて、松下家に奉公を願い出ます。猿によく似ていて、機転の利く秀吉公は、たちどころに飯尾家の皆さんにも好かれ、首尾よく松下家の奉公人となります。

しかし非常に利口で仕事ができるので、他の奉公人から疎まれるようになり、それを見るに見かねた松下が金を渡して、故郷に返しました。その後、織田信長公の家臣となり、天下人に上り詰めるのは有名ですが、武士としてのスタートは浜松の地であり、そのきっかけとなったのが引馬城です。こうしたいきさつを、飯尾豊前守の娘が記録に残していました。磯田先生はそれを発

出世のパワースポット「二公像」（浜松東照宮内）

見したのです。

その後、飯尾豊前守が滅び、三河から引馬城に移ってきたのが徳川家康公です。家康公も浜松での活動のスタートは引馬城でした。

つまり、引馬城、現在の浜松東照宮は、豊臣秀吉公と徳川家康公という二人の天下人を生んだ史上最強のパワースポットだったのです。

このエピソードを磯田先生が、読売新聞に寄稿されたり、ベストセラーとなった先生の著書『日本史の内幕』などで紹介していただきました。以来、浜松東照宮はパワースポットとしてすっかり有名になりました。

せっかく有名になったので、新たな観光資源とすることを思いつきました。そこで東照宮の境内に、豊臣秀吉公の子供のころの像と徳川家康公の像を設置し、真ん中にお立ち台を整備し、写真が撮れるようにしました。二つの像の真ん中で写真を撮ると「運気が上がる」という仕掛けです。

実際、写真を撮って神社に祈願したところ、仕事がうまくいったとか、受験に合格したといった喜びの声がたくさん届いています。磯田先生のおかげで、「出世のパワースポット」という新たな観光資源が生まれました。

そして何よりも磯田先生ご自身が、浜松時代に全国的に有名になり、新進気鋭の歴史学者として大きな飛躍を遂げられました。誰よりも出世運をつかんだ出世の体現者は、磯田先生かもしれません。

二〇〇億円を超える経済効果

磯田先生には、NHK大河ドラマの誘致でも貢献いただきました。

十年ほど前、一年おきに女性が、大河ドラマの主役を務める時期がありました。二〇一三年に放送された新島襄《にいじまじょう》の妻、新島八重を主人公にした『八重の桜』や二〇一五年に放送された吉田松陰の妹の杉文《すぎふみ》を主人公にした『花燃ゆ』です。こうした女性は、歴史的には無名でも、激動の時代を生き抜いたドラマ映えする人物たちです。

時代考証などで、NHK大河ドラマと関わりのあった磯田先生から、浜松には「井伊直虎」というおもしろい戦国女性がいることをＮＨＫに情報提供していただきました。それまで井伊直虎は、井伊家の出身地である浜松市引佐町界隈では有名でしたが、市民にもほとんど知られていませんでした。もちろん磯田先生も浜松へ来るまで知らなかったそうです。

しかしドラマでも紹介されたように、危機に陥った井伊家を救ったり、のちに彦根藩の主《あるじ》となる井伊直政を家康公に仕官させ、その後の井伊家繁栄の礎を築いた功績は大きく、井伊家中興の祖と言っても過言ではありません。調べてみると、実に興味深い人物です。

磯田先生の提言もあり、二〇一七年の大河ドラマは『おんな城主 直虎』に決まりました。浜松市が、本格的に大河ドラマの舞台になるのは初めてです。一年間、大河ドラマ館を中心に多くの方に浜松へお越しいただきました。結果的に経済波及効果は、県内全体で二四八億円、そのうち浜松市内が二〇七億円でした。二〇〇億円を超える大きな経済効果を得ることができました。

何十年も大河ドラマの誘致に取り組んでいても、実現に至っていない自治体が、全国には数多くあるなかで、浜松市は幸運でした。

しかしこれも「出世の街はままつ」プロジェクトを推進するなかで、磯田道史先生というキーマンと知り合い、磯田先生が浜松市の取り組みを評価し、応援してくれたことの結果であり、必然の流れがあったのかもしれません。

その後も大河ドラマに恵まれる

浜松市はその後も大河ドラマに恵まれました。二〇一九年に放送された『いだてん』では、一九六四年の東京オリンピック招致に尽力した田畑政治《たばたまさじ》氏が主人公でした。田畑氏の出身は浜松市であり、浜名湖で水泳を学び、その後、日本の水泳競技の普及に取り組んだことや浜松市出身の水泳界の巨人、古橋廣之進《ふるはしひろのしん》氏らを育てたことなどが、ドラマを通じて広くPRされました。

そして、二〇二三年大河ドラマは『どうする家康』でした。岡崎市、静岡市と共に、家康公ゆかりの地浜松が、三度《みたび》脚光を浴びることになりました。

私は二〇二三年四月まで四期十六年市長を務めましたが、任期中、三回も大河ドラマに恵まれました。NHKの役員の方が「三回も大河ドラマに恵まれた首長さんは見たことがありません。鈴木市長さんは何か、特別な運気を持っていますね」と言われました。

特別な運気はわかりませんが、徳川家広氏や磯田先生、NHKのスタッフの方々含め、頂いたご縁は大切にするとともに、生かしていくということには心がけてきました。不思議なもので、前向きに努力を続けていると、運は舞い込んでくるような気がします。

出世の街の集大成――浜松城址に設置した大河ドラマ館

大河ドラマ『どうする家康』は、これまでの家康公の描き方とは全く異なります。弱く小さな大名が、織田、今川、武田などの大大名に翻弄され、何度も厳しい決断を強《し》いられながらも、何とか乗り切り、やがて大きく成長し、天下を平定するというストーリーです。

成功して大御所として君臨したという従来のイメージとは全く異なり、若いころの苦労を描いたドラマとなります。これは、まさに浜松時代の家康公に焦点が当たるということです。

二十九歳から四十五歳まで浜松で活動し、幾多の苦難を乗り越え、四万石から百万石の大大名に成長したという「出世の街」でアピールしてきた家康公像を、ＮＨＫがドラマとして放映してくれるわけです。十六年間取り組んできた「出世の街」プロジェクトを全国に発信し、さらに飛躍させる大きなチャンスが訪れました。

浜松の大河ドラマ館は、浜松城足下の旧小学校跡地に設置しました。ここは、学校の統廃合でご紹介した廃校となった小学校の跡地で、かつては浜松城の二の丸御殿があった歴史的にも重要な場所です。発掘調査の結果、遺構や古い石垣なども出てきましたので、大河ドラマ館の展示物と共に展示することとしました。浜松時代の家康公を大いにＰＲします。

徳川財団の誘致

さて、大河ドラマ放映終了後の大河ドラマ館の後利用をどうするかということを考え始めたときに、思わぬ朗報が飛び込みました。歴史的に貴重な場所であることに加え、大河ドラマの舞台になったことを考えれば、徳川ゆかりの地として活用していくことが、最もふさわしいと考えていた矢先です。

徳川十八代・徳川恒孝氏から代替わりして、正式に徳川十九代当主に就任された徳川家広氏から、徳川財団の運営に関する相談がありました。徳川財団は、徳川家に関する膨大な文化財を管理しており、今も全国から文化財が集まってきています。これら文化財は一カ所で管理できないので、何か所かに分散して管理しているそうです。

「増え続ける文化財の管理業務が財団にとっては大きな負担であり、将来を考えたら、自分の代で根本的な解決を図らなければならない」。そこで家広氏から「徳川財団を文化財ごと浜松市に移転させられないだろうか」という相談がありました。

大河ドラマ館跡を徳川ゆかりの地として活用しようと考えていた私にとって、これ以上の提案はありません。浜松市が膨大な文化財を管理し、それを活用した「(仮)徳川博物館」を設置すれば、外国人を含め、恒久的に多くの観光客を呼べるようになります。また市民のシビック・プライド（市民の誇り）も各段にアップするはずです。一方、徳川財団も安心して文化財の管理ができるようになり、お互いウィンウィンの関係が築けます。十数年来、築いてきた徳川家広氏との信頼関係が生きた瞬間でした。

ただし、事は慎重に運ばなければなりません。お互いに関係者への根回しに取り組むことにしました。私は、役所の担当者、議会関係者、経済人など、プロジェクトに関わる可能性のある人々への説明を始めました。特に議員の皆さんに賛同していただかなければ、プロジェクトは成功しません。

そこで有力な議員の皆さんに、（仮）徳川プロジェクトの推進議員連盟を設立するようにお願いをしました。四期で退任することを決めていた私にとって、退任後もプロジェクトを継続させるためには、議員連盟の設立は何よりも重要です。幸い声をかけた議員の皆さんは、諸手《もろて》を挙げて賛成してくれました。

議員の皆さんと併せて、主だった経済人にも相談を持ち掛けました。家康公ゆかりの地、静岡や岡崎に比べ、浜松は徳川財団と経済界の関係が希薄でした。そこでこれを機に、経済界の皆さんにも徳川財団を強力にバックアップしていただきたいと考え、お願いをしました。皆さん快く賛同してくれました。

最後に、私の後継となった中野祐介市長にも申し送りをしました。浜松市の将来にとって重要なプロジェクトですので、ぜひしっかり引き継いでいただきたいということをお願いしました。

こうして徳川財団浜松誘致の環境は整いました。浜松城の出世ストーリーをベースに、「出世の街はままつ」の取り組みを始めて十六年。最後は徳川財団が浜松に来ていただくということで、新たなステージがスタートしそうな予感がします。

明確なコンセプトを確立し、その実現に向けて努力を積み重ねていくと、不思議に次々と支援者が現れ、取り組みが膨らんでいきます。徳川財団と連携した「出世の街はままつ」の取り組みが、新たな担い手のもと、さらに進化していくことを願っています。

ビーチ・マリンスポーツの聖地

スタートアップの取り組みのところで、浜松ベンチャー連合というベンチャー企業コミュニティをつくったことはご紹介しましたが、ベンチャー企業の社長の皆さんを集めてみると、意外に浜松市以外の出身者が多いことに気づきました。

浜松へ来て起業した理由を問うと、浜松の企業に就職したのをきっかけに、その後スピンアウトして起業したというわかりやすい方もいる半面、ビーチ・マリンスポーツに惹《ひ》かれて浜松へ移住したという方が多いことに驚かされました。

「私はウインドサーフィンがやりたくて、ウインドサーフィンをするために仕事をしています」

「浜名湖に惹かれて浜松に移住しました。浜松の水環境は最高ですね」等々。

なかにはサーフィンとビジネスを両立させるため、サーフィンができて、ビジネスをするのにも適した大都市として仙台市、福岡市、浜松市を調査して、最終的に浜松市を選んでくれた方もいらっしゃいました。その方は、

「東京で働いているときは、サーフィンをするために片道三時間以上かけて房総半島の先まで行っていました。本当に大変でした。それに比べ、浜松は都心から十五分で太平洋まで行けますので、毎日サーフィンをしてからオフィスに出かけています。サーファーにとっては、本当に最高の環境です。自分たちの仲間内では、浜松は『本州最後の楽園』と言っています」

と、浜松のことを評価してくれました。ちなみに、この「本州最後の楽園」というフレーズが気に入ったので、その後浜松のキャッチコピーで使わせていただいています。

私のように浜松生まれ、浜松育ちですと、この環境が当たり前のようになっていて、感覚が麻《ま》痺《ひ》していますが、マリンスポーツ好きの人たちにとっては、素晴らしい環境だということを思い知らされました。

そこでひらめいたのが、「浜松をビーチ・マリンスポーツの聖地」にしたらどうかというアイ

デアでした。浜松には、浜名湖、太平洋、そして日本三大砂丘に数えられる中田島《なかたじま》砂丘をはじめとする広大な砂浜があり、あらゆるビーチスポーツ、マリンスポーツが可能であり、現に行われています。

調べてみると、マリンスポーツでは、サーフィン、ウインドサーフィン、ヨット、水上スキー、パドルボード、ウェイクボード、フライボード、シーカヤック、スポーツフィッシング等々。ビーチスポーツでは、ビーチバレー、ビーチサッカー、ビーチフットボール、ビーチテニス、ビーチフラッグス等々があり、国内大会だけでなく、国際大会なども行われていました。

これだけ盛んに各種スポーツが行われていましたが、横のつながりがなく、浜松がビーチ・マリンスポーツのメッカだとは気がつきませんでした。

そこで「ビーチ・マリンスポーツの聖地」を目指すため、二〇一八年に「ビーチ・マリンスポーツ推進協議会」という官民連携の団体を設立しました。この団体は、各種競技団体、観光協会、行政、マリン関連メーカーなどで構成されています。

浜松市にはヤマハ、スズキ、ホンダがあり、この三社で、世界の船外機の六割以上のシェアを持っています。浜松がビーチスポーツに取り組む正統性の根拠の一つになっています。もちろん三社にもご参加いただきました。他にも浜松創業のメガバスという世界的なルアーメーカーや大手釣り具店のイシグロにも参加いただいています。

浜松は太平洋の沖へ出れば、巨大なカジキマグロが釣れますし、浜名湖周辺では多彩な魚種を釣ることができます。釣り人にとっても浜松は天国なのです。

推進協議会を設立してみると、競技団体間や他機関との情報交換や交流が希薄であったことがわかりました。今後は団体間で連携して活動を盛り上げていくことなどが確認されました。大会やイベントなども合同で開催すれば、大きなインパクトを生むことができます。行政としても、積極的に活動をリードしていきたいと思います。

ビーチ・マリンスポーツはコスパがよい

ビーチ・マリンスポーツの環境整備を進め、活動を盛り上げるため、関係団体から要望を出してもらいました。サーフィン関係者からは、駐車場の整備やシャワー施設の整備などの要望が出されました。

マリンスポーツでは、浜名湖にヨットレースの大会を誘致するため、ハーバーを整備してほしいというヨット関係者の要望がいちばんコストがかかりそうでしたが、それでも一〇億円程度でした。ビーチスポーツでは現在、日本最大級のビーチコートを整備していますが、整備費用は数十億円です。これが、サッカー競技場や野球場、アリーナなどであれば、金額の桁が一つも二つ

古橋廣之進記念浜松市総合水泳場「ToBiO」（浜松市中央区篠原町）のビーチにて

も上がります。

予想した通り、ビーチ・マリンスポーツは本来、砂浜や海が競技場ですから、周辺整備にそんなに費用がかかりません。実にコストパフォーマンスがいいのです。これから建設に入る日本最大級のビーチコートが完成すれば、関東と関西の中間という地の利も相まって、国内外の多くの大会を誘致できると、関係者も太鼓判を押してくれています。すでにそれを見越して、浜松に移住した有名選手もいます。

浜松が巨大アリーナをつくっても、味の素スタジアムやさいたまスーパーアリーナにはとてもかないませんが、ビーチコートであれば日本一を目指せます。それを数十億円でできるわけですから、ビーチ・マリンスポーツは費用対効果抜群です。

遠州灘海浜公園江之島ビーチコートにて

私は、「地方創生とは、地域の特性や資源を掘り起こし、知恵を出し、汗もかいて地域を元気にする活動だ」と定義していますが、「ビーチ・マリンスポーツの聖地」への取り組みは、まさに浜松の持つ自然条件や社会条件を活用した地方創生の活動だと思います。ぜひいつの日か、聖地として国内外から高い評価を受ける日が来ることを期待したいと思います。

音楽創造都市へ――楽器の街から音楽の街、音楽の都に

浜松市は、世界的にも知られた楽器の街です。浜松から生まれたヤマハ、カワイ、浜松に拠点を移したローランド。この三社が世界三大楽器メーカーです。楽器メーカーは中小企業が多く、あまり大きな企業がありません。したがって大きい順に上から数えていくと、ヤマハ、カワイ、ローランドということになります。

浜松国際ピアノコンクール

以前、アメリカのアナハイムで行われる世界最大の楽器見本市である「ＮＡＭＭ Ｓｈｏｗ（ナムショー）」を訪問したことがあるのですが、何百という小さな楽器ブースのなかで、巨大なブースを構えるヤマハ、カワイ、ローランドは、ものすごい存在感でした。改めてこの三社が本社を構える浜松市は、世界に冠たる楽器の街であることを思い知らされました。

浜松の特徴である楽器の街をベースに、音楽の街づくりを始めたのが、先々代の栗原市長でした。その中心的な催しとして一九九一年にスタートしたのが、浜松国際ピアノコンクールです。三年に一度開催されるコンクールはこれまで一〇回開催され、世界的なコンクールに成長しました。

特に浜松のコンクール上位入賞者が、その後ショパンコンクールをはじめとする世界的なコンク

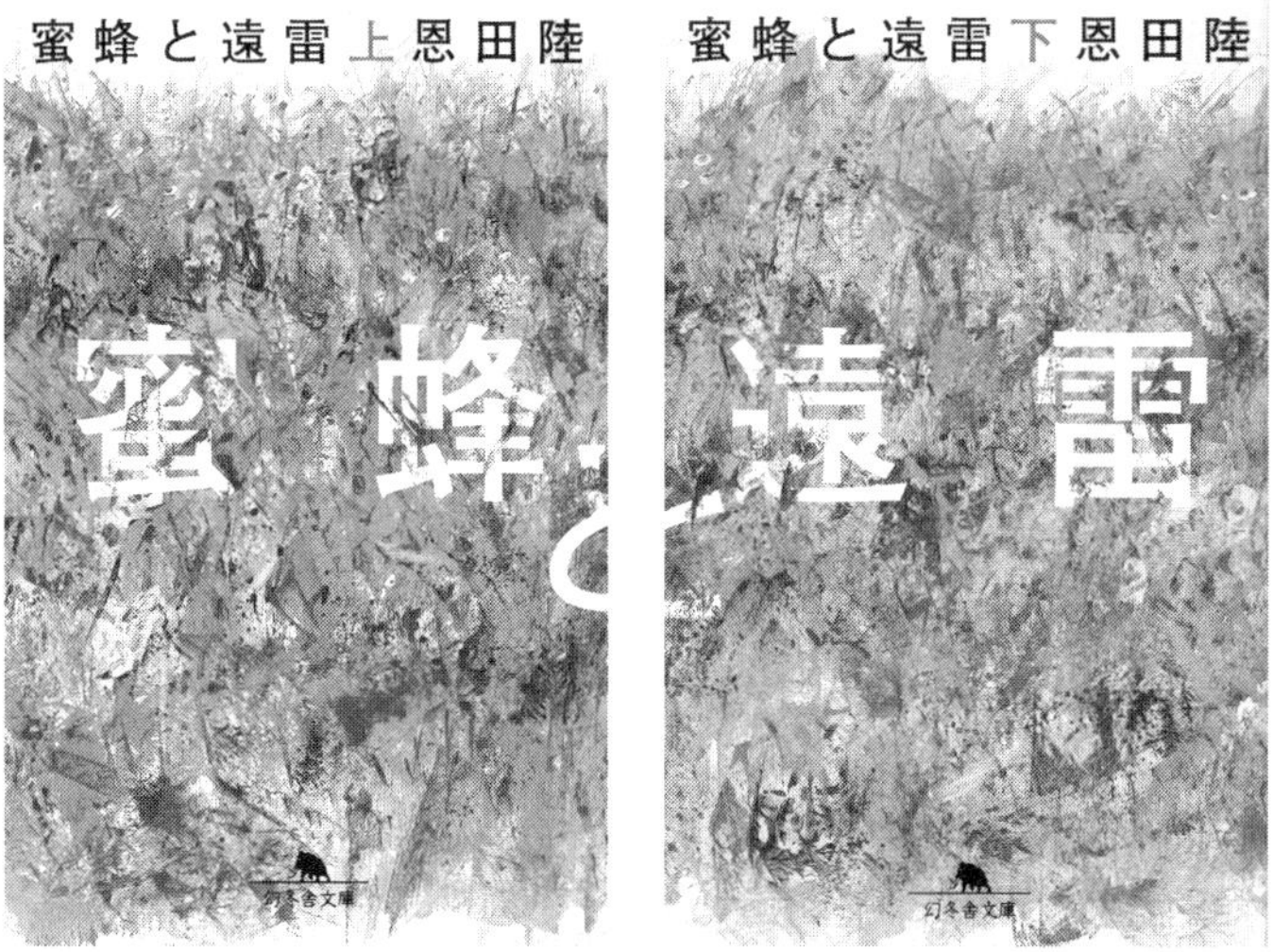

『蜜蜂と遠雷』(上・下)

ールで優勝者となるなどの活躍をすることから、若手ピアニストの登竜門という評価を得るようになり、一九九八年には国際音楽コンクール世界連盟への加盟が承認されました。

小説家の恩田陸《りく》氏が執筆し、直木賞と本屋大賞のダブル受賞で話題となった『蜜蜂《みつばち》と遠雷《えんらい》』は、恩田氏が第六回から一〇回まですべての浜松国際ピアノコンクールの演奏を聴いてつくり上げた作品です。

手前味噌《てまえみそ》かもしれませんが、ピアノコンクールとしては国内最高峰のコンクールになったのではないか、と思います。

こうした大きな催し以外にも、市民の音楽活動が盛んなのも浜松の特徴です。ほとんどの学校では吹奏楽が行われていて、毎年数々の賞を受賞しています。多くのアマチュアミュージシャンが、市街地でストリート演奏を行う「やらまいかミュージックフェスティバル」という市民手作りの音楽イベントもあります。

こうした音楽活動を支えていただいているのが、楽器メーカーの社員の皆さんです。ヤマハをはじめとする楽器メーカーには、毎年全国から音楽好きの人々が多数入社してきます。プロのミュージシャンにはなれなかったが、一生音楽と関わっていたいというような人材が、全国から集まってきて浜松に住み着くわけですから、全体のレベルが上がります。ヤマハ吹奏楽団などは、ほとんどプロの演奏者の集団と言っても過言ではなく、毎年コンクールで優勝するのが当たり前となっています。こうした人材の集積により、自然と市民の音楽レベルも上がりますし、音楽好きの風土も形成されます。

こうした音楽文化の資源の蓄積を背景に、今や浜松市では、「音楽の街から音楽の都へ」をスローガンに、活動が展開されています。

ユネスコ音楽創造都市の認定

世界一の楽器の街、音楽の都を標榜《ひょうぼう》する浜松市ですが、他にも音楽を特徴として売り出している都市はたくさんあります。そうした都市と差別化を図り、浜松市の存在感をアピールしたいと考えていたときに、ユネスコが主宰している「創造都市ネットワーク」という事業に巡り合いました。

これは創造的・文化的な産業の育成、強化によって、都市の活性化を目指す世界の都市が、国際的な連携・相互交流を行うことを支援するため、二〇〇四年にユネスコが創設したネットワークです。文化はさまざまなジャンルがありますが、それぞれのジャンルで特徴的な活動が行われ、それを都市の活力や発展につなげている都市をユネスコが認定し、相互の連携を支援するという取り組みです。

この認定を受けると、ユネスコからお墨付きを得られ、その都市の文化的特徴を国内外にアピールできます。また、世界の創造都市との相互連携や交流も可能となります。

浜松が創造都市の音楽部門での認定を目指して活動を始めたころは、デザインの分野で、名古屋市と神戸市、クラフト&フォークアートの分野で金沢市が創造都市の認定を受けており、日本には創造都市が三都市ありました。

また、そのころから日本国内でも、文化庁が先導して文化による都市づくりである創造都市の事業を積極的に推進し始めていました。浜松市は横浜市などと共に、全国の創造都市の取り組みをリードしていましたが、二〇一一年にはそうした活動が評価され、文化庁長官表彰（文化芸術創造都市部門）を受賞しました。ユネスコに認定されるひと足先に、国からお墨付きを頂いた格好です。

順調に浜松の審査が進んでいたと思われた矢先、米国のユネスコ脱退問題などでユネスコの組織が大混乱をきたし、一時期、創造都市ネットワーク事業はストップをしてしまいました。その後審査が再開されると、浜松市は二〇一四年に、ユネスコから創造都市音楽部門への加盟を承認されました。日本初、またアジア全体でも初の認定となりました。音楽部門は、今でも浜松市が唯一の加盟都市です。

これで堂々と、音楽創造都市を国内外に発信していけるようになりました。創造都市音楽部門への加盟を機に、加盟都市であるイタリアのボローニャ、ドイツのハノーヴァーと音楽を通じた都市間交流も始まりました。音楽の都・浜松は、世界へ羽ばたきます。

国際ピアノコンクールのステータスを上げる

浜松国際ピアノコンクールは、世界的なコンクールに成長してきましたが、さらにそのステータスを上げていきたいというのが、私の願いでした。そこで目をつけたのが、世界三大ピアノコンクールの一つであるショパン国際ピアノコンクールとの連携です。

実は浜松市は、一九九〇年にポーランドのワルシャワ市と音楽文化友好交流協定を締結しています。その後、音楽団体の民間交流等を継続していましたが、コンクール自体の交流はありませんでした。

そこで、ショパン国際ピアノコンクールに浜松市長賞を贈る提案をしました。この提案は採用され、今では毎回、ショパン国際コンクールで浜松市長賞が贈られています。コロナで海外渡航ができなかったため、前回はポーランドの日本大使に贈呈者をお願いしました。

反対に、浜松国際ピアノコンクールでは、ワルシャワ市長賞を設けることとし、毎回受賞者に贈っています。こうした交流を積み重ねていき、いずれショパン国際コンクールと姉妹コンクールになれれば、こんなうれしいことはありません。相手の胸を借りて、浜松国際ピアノコンクールのステータスを飛躍的に向上させられます。

ちなみに浜松国際ピアノコンクールの一位、二位入賞者は、ショパン国際ピアノコンクールの本審査に直接参加が認められています。こうした特典を頂いているコンクールは世界中でも数えるほどしかなく、どれも世界的に評価の高いコンクールです。つまり、都市間交流という特別な関係だけでなく、ショパン国際ピアノコンクールの関係者に、浜松の国際ピアノコンクール自体の実力も認めていただいているのです。

浜松国際ピアノコンクールは、今や日本一のコンクールになりました。

湖の交流──中国・西湖と浜名湖の観光交流協定

静岡県と中国浙江省《せっこうしょう》は長い間交流を続けています。両者の代表団が定期的に相手を訪問し、絆を深めてきました。そうしたなか、二〇一〇年に開催された上海国際博覧会（上海万博）の折に、川勝平太知事（当時）が静岡県から三七七六（富士山の標高）人の訪問団を浙江省ならびに万博に送る、という計画を発表しました。

この計画に沿って、秋には知事を団長とする訪問団が結成されましたので、私も参加し初めて浙江省の省都である杭州市を訪問しました。

杭州市には、西湖《せいこ》という世界遺産にも登録されている中国有数の観光湖があります。杭州市を訪れた観光客は、必ずと言っていいほど西湖の遊覧を行います。私たちもご多分に漏れず、西湖の遊覧に参加しました。

西湖は人工湖であり、それほど大きくない湖に多くの観光船が行き交っていました。周囲には多数の文化的な建物が点在する歴史的な湖ですので、観光客が集まるのも頷《うなず》けます。しかし人工湖ですので、お世辞にも水はきれいとはいえず、匂いもあります。これなら浜松の誇る浜名湖のほうが、ずっときれいだなと思いました。

次の瞬間です。「そうだ。浜名湖も歴史的な湖だから、西湖と浜名湖を姉妹湖にして、浜名湖を『日本の西湖』として売り出せば、多くの中国人観光客を呼べるのではないか」というアイデアを思いつきました。ちょうど同じ船に浜松の観光関係者が乗り合わせていたので、このアイデアはどうかと聞いてみると、全員が「ぜひ進めてほしい」と賛成してくれました。

そこで帰国すると、すぐに杭州市に対し、湖をテーマとする浜松市との観光協定の締結を持ち掛けました。杭州市側もこの提案は歓迎でしたので、話はとんとん拍子で進みました。

そして二〇一二年に、浙江省と静岡県の友好交流三十周年の式典が静岡で開催されたときに、浙江省の省長はじめ、要人が多数来県しましたので、その機会に都市間協定の締結式を行うことになりました。こうした締結式は市役所で行い、市内のホテルで歓迎会を開催するというのが通常のパターンですが、私が一計を案じ、浜名湖の湖上に遊覧船を浮かべ、その船内で調印式を行い、歓迎会は湖畔のホテルで開催するという計画にしました。

当日は、計画通り遊覧船の船内で、県知事と浙江省の省長立会いのもとに調印式を行い、湖が一望できる湖畔のホテルで晩餐会を催しました。中国側の皆さんには大変喜んでいただき、調印式は成功裏に終わりました。

浜名湖・日月潭の交流協定

中国の西湖と同じように、台湾には日月潭《にちげつたん》という湖があり、台湾随一の観光地となっています。台湾は重要な観光交流の相手国と考えていましたので、西湖と同様に日月潭と浜名湖を姉妹湖にすることを計画しました。

そして二〇一六年八月に、浜名湖観光圏整備推進協議会（当時）会長である私と南投県《なんとうけん》観光産業連盟協会の李吉田理事長の間で、日月潭の湖畔にある雲品ホテルにおいて、浜名湖と日月潭の友好交流協定の調印式を行いました。

またこのときは、湖協定にとどまらず、浜松観光コンベンションビューロー、浜名湖のロープウェーを運営する遠鉄《えんてつ》観光開発、浜名湖遊覧船の三事業者も同時に、南投県日月潭観光旅遊協会、日月潭ロープウェー、南投県渡船・遊覧船協会と個別に友好交流協定を結びました。ロープウェー事業や遊覧船事業でも連携を約束したのです。

私は、包括協定にとどまらず、各事業者が個別協定を締結したことを評価し、「単なる儀式ではなく、実質的に交流を始めようという両地域関係者の決意が表れた締結式だと思う。今後、日月潭と浜名湖の交流を大きく飛躍させたい」という趣旨のことを、挨拶で述べました。

一方、李理事長も「締結式は始めの一歩。お互いのPRのみならず、イベントを共同開催したり、観光プランを策定するなどさまざまな形で地域観光の活性化につなげたい」と応じてくれました。

中国の西湖に続き、台湾の日月潭とも交流がスタートしました。

「湖サミット」の開催

浜名湖と西湖、日月潭は、それぞれ湖交流の協定を結びましたが、実は西湖と日月潭も同様の交流協定を結んでいることがわかりました。つまり、浜名湖、西湖、日月潭が見事につながったのです。この連携を活用しない手はありません。そこで浜松市から、三湖の連携の確認と相互の交流促進を目的とした「湖サミット」の開催を提案しました。

もちろん両湖の関係者も賛成してくれましたので、二〇一七年十二月に、浜名湖畔の舘山寺《かんざんじ》温泉を会場に、「湖サミット2017浜名湖」を開催しました。

サミットでは、三湖の関係者が登壇し、それぞれの地域の取り組み事例の紹介やお互いの連携について議論をし、観光交流や地域交流についての知見を深めました。

このサミットを、三地域の友好を促進するキックオフにする予定でしたが、その後に発生した新型コロナウィルスの影響などで、一時活動が中断してしまいました。しかしせっかく三地域が結びついたのですから、長い目で交流を進めていきたいと思います。

自治体の発想を超えるコロナ下での経済対策

新型コロナウィルスという未知の感染症の流行は、国中を混乱に陥れました。当初は国の対策が二転三転するなど、社会全体が混迷を極めたことは周知の通りです。そこで私たちは、国からの指示待ちをしているだけではなく、独自にさまざまな工夫を凝らした対策を実行しました。

たとえば飲食店の安全対策です。感染当初は、飲食店からクラスターの発生が相次ぎ、飲食店への客足が途絶えました。そのまま放置しておけば、飲食店が多大な影響を受けます。

そこで、感染対策を施した飲食店を認証する制度をつくることにしました。「はままつ安全・安心な飲食店認証制度」というものです。これは浜松市が独自の基準で、飲食店の安全安心を担保する制度です。

具体的には、手指消毒を徹底するための消毒液や飛沫《ひまつ》感染を防ぐためのパーテーションの設置、また絶えず新鮮な空気を供給するための換気装置の導入など、数十項目に及ぶ感染対策の要綱をつくり、これを実施した飲食店を「安全安心な飲食店」として認証するというものです。同時にこの感染対策を普及させるため、設備導入のための補助金制度もつくりました。

同時期に浜松市と同様の制度をつくったのが山梨県です。浜松市や山梨県が実施して効果を上げたことから、国が全国の自治体にこうした認証制度をつくることを指示したのは、私たちが導入してから一年後のことでした。静岡県が「ふじのくに安心・安全認証（飲食店）制度」をつくったのも、国から指示があった一年後のことです。

では、なぜ他では対策が進まなかったのか、あるいはなぜこれほど遅れたのか。理由は大きく二つあると思います。一つは、この事業は個々の店舗のチェックも含めると、膨大な労力が想定されるので逡巡《しゅんじゅん》したのではないかということ。もう一つは認証店と非認証店という差が生まれ、非認証店からクレームを寄せられるのを恐れたのではないかということです。特に後者は、自治体にありがちな体質です。

しかし、一〇〇%平等な政策などありません。特にコロナのような非常時には、多少の格差が生まれることは覚悟しなければなりません。後述する経済対策はさらにそれが鮮明になりました。

PayPayと組んだポイントバックキャンペーン

感染対策と併せて重要視したのが、感染が収まったときの経済対策です。感染が拡大しているときは、人々の活動を制限して感染を鎮静化させなければなりませんが、感染が落ち着けば、疲弊した経済を活性化させなければなりません。非常時ですから、時には自治体の常識を超える対策をすることも必要となります。

二〇二〇年初頭の最初の感染拡大が収まって、緊急事態宣言が解除されたのがゴールデンウィーク明けでした。ゴールデンウィークは、サービス事業者にとっては書き入れ時です。それがコロナで手ひどい被害を受けました。すぐにでも経済対策を打たなければなりません。

自治体が消費喚起の対策を講じる場合、多く用いられる施策がプレミアム商品券の発行です。しかし、商品券の発行は時間がかかるうえ、多くの無駄な経費が発生します。準備に何カ月もかかっていたら、次の感染拡大が来てしまうかもしれません。そうなれば経済対策どころではありません。

「素早く準備できて、効果の大きい対策はないものだろうか」と考えたとき、急速に伸びているキャッシュレス決済との連携を思いつきました。コンビニやスーパー、百貨店などは、キャッシュレスサービスと組んでポイントバックキャンペーンなどを行っています。これだと思いました。キャッシュレスなら素早く準備できるし、広がりも大きく効果も大きい。

そこですぐに担当者に指示を出し、キャッシュレスサービスを手掛けている企業に自治体との連携を打診してもらいました。私の出した条件はただ一つ。「一カ月で準備してほしい」というものでした。

残念ながら多くの企業から断られるなか、ＰａｙＰａｙだけが、要望に応えてくれました。本当に一カ月でできるか不安もありましたが、とにかくやってみようということで動き出しました。ＰａｙＰａｙも浜松市の職員もよくやってくれました。緊急事態宣言解除の二カ月後の七月には、「ＰａｙＰａｙを利用した三〇％のポイントバックキャンペーン」という自治体初の試みを始めることができました。

しかし予想通り、賛成ばかりではなく反対の声も多くありました。「なぜＰａｙＰａｙだけなのか。市長はＰａｙＰａｙと癒着しているのではないのか」「キャッシュレス決済を導入していない事業者はキャンペーンの対象外になり不公平だ」「デジタル弱者の高齢者などは、キャンペーンの恩恵を受けられないではないか」等々、どれも想定内の反対ばかりでした。

しかし、このキャンペーンの目的はスピーディに経済対策を実施することであり、平等を旨とする福祉政策ではありません。キャッシュレス決済を導入していない店舗は、この機にサービスを導入してもらえばいいし、この機にスマホに替えていただければ、すぐにでもキャンペーンに参加できます。事実、キャッシュレスサービス導入の店舗は増えましたし、お孫さんの応援などを頼りに、高齢者のスマホの普及も進みました。メリットがあると思えば、スマホの普及も進むのです。

キャンペーンが進むにつれ、反対の声は消えました。反対の声よりキャンペーンを評価するお店や市民の声が日に日に大きくなっていったからです。キャンペーンは大成功しました。ご存じのように、迅速で効果の大きいキャッシュレスキャンペーンは、その後コロナ禍《か》において、全国の自治体に波及しました。

最初、浜松の取り組みを馬鹿にして冷ややかに見ていた他の自治体が、数カ月後の年末には、同じキャンペーンをやっていたという話を職員から聞いたときは、「それが普通だろうな」と思いました。他で成功すれば真似《まね》はしますが、自治体が新しい取り組みをすることは、まだまだハードルが高いのです。

キャッシュバックキャンペーン——直接お金を配るより大きな経済波及効果

コロナの影響が長引くにつれ、大きな影響を受けたのは飲食店でした。苦境に立つ飲食店を支援することは、全国の自治体共通の課題となりました。しかし多くの自治体が行っていた一律の補助金を給付するというやり方には、強烈な違和感を持っていました。

一店舗当たり一〇〇〇万円くらいくれるなら経営の足しになるとは思うのですが、自治体が配るとなるとせいぜい五万円から一〇万円です。ないよりはあったほうがいいとは思いますが、その金額で飲食店の経営が改善するとは思えません。

浜松市と同規模の自治体が、市内四〇〇〇店舗の飲食店に、補助金を一〇万円ずつ配るという記事が新聞に掲載されました。一〇万円×四〇〇〇店ですから、予算は四億円となります。一見「すごいな」と思います。自治体側も飲食店対策の「やった感」をアピールできます。しかし効果のないバラまきは、税金の無駄遣いだというのが、私の考えです。

「バラまきではない効果的な飲食店対策はないものだろうか」と考えていたとき、ふと思いついたのが、キャッシュバックキャンペーンでした。飲食店で食事をしたら、その場で抽選をしてもらい、当たったら食事代を全額返金するというキャンペーンです。これなら飲食店に直接お金を配るより、はるかに大きな経済波及効果を生むことができます。まずはインパクトを出すために「一億円キャッシュバックキャンペーン」と銘打ち、総額一億円の飲食代を返金するという企画にしました。

キャッシュバックキャンペーンはギャンブルか？

早速、担当職員に相談をしました。「そんなギャンブルみたいなキャンペーンは、自治体にはふさわしくありません」という答えが返ってくるのが普通だと思うのですが、浜松市の前向きな職員は違いました。即座に「市長、おもしろいですね。やりましょう」という答えが返ってきました。そして「どうせ答えは『イエス』か『はい』しかないでしょ」と言うのです。その通りです。

担当職員を中心に、一億円キャッシュバックキャンペーンが動き始めました。ポイントバックキャンペーンのときと同様に多くの反対の声が上がりました。

「自治体が税金を使って、ギャンブルをやっていいのか」とか「当たった人と外れた人が出て不公平であり、税金の使い道としてはいかがなものか」というのが主な反対意見です。

総じて「税金は公平に使うものである」という感覚が底辺にあるようです。しかし考えてみれば、機会は平等であり、公平です。参加するすべての人に、当たるチャンスがあるのです。十六年間、市政を担ってきましたが、一〇〇%結果が平等で公平な政策などありません。ただし、機会の平等は必ず担保しなければなりません。そこに裁量やえこひいきがあってはならないというのが、私の信念です。

一億円キャッシュバックキャンペーンは、大きな話題となり、お店からも市民からも歓迎され、多くの人々がキャンペーンに参加してくれました。不思議なもので、当たる人は二度三度と当選します。するとそういう人が周囲に吹聴するので、話を聞いた人たちが次々と飲食店を利用してくれます。

こうしてキャンペーンは広がっていきました。ポイントバックキャンペーンのときと同じで、キャンペーンの盛り上がりと裏腹に、反対の声は消えていきました。頑強に反対していた女性市会議員がある日、「市長、このキャンペーンおもしろいね」と言ってくれたのが、印象的でした。

誤算もありました。キャンペーン期間が終わって精算してみると、一億円キャッシュバックを標榜しながら、予算の消化は三〇〇〇万円程度しかなかったのです。分析してみると、夜の飲食よりもランチのほうが多いので、平等に抽選すると、客単価の低いランチに当たりが集中していることがわかりました。次からは、昼と夜を分けて、客単価の高い夜にも客を誘導するような仕掛けをすることにしました。

三億円で五〇億円の経済波及効果を叩き出す

こうして「一億円キャッシュバックキャンペーン」は、コロナ感染の谷間を狙って、都合四回実施しました。四回の予算執行額の合計は、二億九〇〇〇万円でした。その予算で叩き出した経済波及効果は、五〇億円を超えました。

片や四〇〇〇店の店舗に一〇万円の補助金を配り、四億円の予算を使う政策と、片や一億円も少ない約三億円の予算で、五〇億円の経済波及効果を生み出す政策の、どちらが税金の使い方として有効なのでしょうか。自ずと答えは明らかだと思います。

安全・安心な飲食店認証制度も、ポイントバックキャンペーンもキャッシュバックキャンペーンも、これまでの自治体の常識を破る施策です。しかしコロナという未曾有《みぞう》の災害に見舞われたとき、常識的な施策だけで乗り切れるでしょうか。答えは「否」です。

これからはコロナのような未知のウィルスが定期的に現れる世界になる、という予測もあります。また地球温暖化の影響で、想定外の災害が日常的に起こる時代にもなりました。こうした時代を生き抜く首長は柔軟かつ大胆な対応力が求められます。過去の常識だけで通用する時代は終わりました。

運を活かす

私が受けた松下政経塾の第三次試験は、松下幸之助塾長との面接でした。面接の最後に、松下氏から「鈴木君、君から何か質問はないか」と問われたので、「塾長は、何を基準に合否を決めるのですか」と質問してみました。

すると松下氏から「そりゃな、君。運と愛嬌《あいきょう》や」という返事が返ってきました。そして私の履歴書をもう一度眺めると、ニコニコとされ、「鈴木君、君はなかなか運がよさそうやな」とおっしゃいました。そのとき「合格するかもしれない」と、うれしさがこみあげてきたことを懐かしく思い出します。

松下幸之助氏の著書を読むと、随所に「運」の大切さが書かれていますが、正直、若いころは「運が大事というが、自分ではどうしようもない運をどうすればいいのだろうか」と、多少の違和感がありました。

しかし六十年以上生きてきて、いろいろな方とご縁を頂き、経験を積み重ねてくると、しみじみ運の大切さを実感します。正確に言えば、運を活かすことの大切さです。誰でも運は持っていますが、それを活かすかどうかということがとても重要だと思います。人とのご縁、節目節目での決断など、自分の人生を振り返ってみると、巡り合った「運」を活かすことで、ずいぶん人生が切り拓《ひら》かれてきました。たくさんの出来事がありましたが、そのなかから二つのエピソードをご紹介したいと思います。

①大防潮堤「一条堤」――「こういうときのために、財政を健全にしたのではないか」

東日本大震災の発災当日、東京にいた私は浜松へ帰れなくなり、途方に暮れていましたが、知人の助けで何とか一夜の宿を確保することができました。宿を確保し、ホッとしたのもつかの間、宿のテレビで夜通し見たものは、大津波に襲われた東北の街々の映像でした。あの衝撃は今でも忘れません。

これから東北はどうなるのだろうという心配と同時に、長い海岸線を持つ浜松市に同様の大津波が押し寄せたら、大惨事になるだろうなと思いました。そして明日浜松へ戻れば、津波対策との戦いが始まることを予感しました。

予想通り、浜松をはじめ全国の沿岸地域で津波対策の必要性が叫ばれ始めました。まずは現地を知らなければならないと思い、仙台地域の沿岸を視察しました。津波被害も沿岸の地形によりさまざまです。複雑に地形が入り組むリアス式海岸の地域と違い、浜松市は長い砂浜が続く地形で、比較的仙台の沿岸地域と似通っていたからです。

仙台地域の被災状況を見てわかったことは、海岸に近い戸建て住宅は完全に津波で流されてしまっていますが、少し内陸に入ると、水が押し寄せた形跡はありますが、家が残っているということです。家さえ大丈夫であれば、二階などに避難すれば命だけは助かります。

後からわかりましたが、押し寄せる水の高さが二ｍを切れば、戸建て住宅でもほぼ流されないそうです。つまり住宅地域に津波が到達するときに高さ二ｍ未満に抑えてしまえば、人命は守れるということです。

浜松の場合は、仙台と違って広い砂浜があり、いきなり波が住宅に押し寄せるということはありませんが、南海トラフの大地震による最大級の津波が押し寄せたときには、多くの住宅と共に、多くの人命が失われるという被害想定がされていました。

そこで津波の勢いを止め、被害を軽減させるためには、津波を押しとどめる防潮堤の建設が必要になります。最大級の津波が到来したとき、住宅地域での浸水深を二ｍ以下にするためには、防潮堤の高さを一五ｍにしなければならない、という結論が導き出されました。浜松市全体の海岸線の長さは一七・五㎞ありますので、その全体を一五ｍの防潮堤でカバーするとなると、概算で四〇〇億円の整備費がかかります。

国の補助基準は、レベル1といわれる比較的頻繁に発生する軽度の津波に対応する防潮堤の建設までで、レベル2といわれる千年に一度の最大級の津波対策までは対象になっていません。たしかに全国の沿岸地域をレベル2ですべて網羅したら、国の財政がもちません。したがって、一五mの防潮堤を建設するとなると、四〇〇億円を浜松市が負担しなければなりません。

沿岸地域を選挙地盤とする市議会議員を中心に、市民の命を守ることを考えたら、市費で防潮堤を建設するのはやむをえない、という声が大きくなってきました。たしかに財政のところでご紹介したように、浜松市の財政は超健全にしましたので、四〇〇億円くらいの支出は問題ありません。

市議会議員の皆さんからも「こういうときのために、財政を健全にしたのではないか」という意見が相次ぎました。たしかにその通りです。不測の事態に備えて財政を健全化しておいたのですから、今こそ思い切った支出をしなければなりません。市費で防潮堤を建設することを決断しました。

三〇〇億円の寄付の申し出

そんな矢先です。一本の電話が鳴りました。スズキの鈴木修会長（当時）からでした。大事な話があるから至急会いたいということでしたので、すぐにお会いすることにしました。

鈴木会長から告げられたのは、「浜松で創業した大きな企業のオーナーから、三百億円を寄付するので、千年に一度の津波にも耐えうる防潮堤をつくってほしい」という依頼があったということでした。

あまりの金額の大きさに、最初は狐《きつね》につままれたような気分になりましたが、鈴木会長も、そのオーナーから「こんな話を、いきなり持って行っても信じてもらえないだろう。誰に相談したらよいか考えたときに、スズキの会長が適任ではないかと思った」という話をされました。

それくらいありえない話でした。その企業が一条工務店です。浜松で創業した全国的な住宅メーカーという認識はありましたが、経営内容を含めて細かいことは知りませんでした。至急、一条グループの経営状況を調べて驚きました。グループ全体の売り上げが三〇〇〇億円（当時）もあり、しかも非上場です。だからオーナーの一存で三〇〇億円もの寄付を決断できたのです。

「この申し出は絶対実現しなければならない。三〇〇億円を絶対に活かさなければならない」と思いました。

ただ、一つ大きな問題がありました。それは、海岸の管理は県が行っており、さまざまな法律や規則がかかっているので、県を巻き込んで事業主体に担ぎ上げないと、現実的にはこのプロジェクトは実現しないのではという懸念でした。

そのことを鈴木会長に率直に申し上げると、すぐに知事を呼んで説得しようということになりました。東日本大震災大震災から二カ月後のゴールデンウィーク中に、川勝知事に海岸線を視察いただくとともに、一条工務店の大澄オーナー、鈴木会長、川勝知事、私の四人で極秘会談を行いました。これを皮切りに、浜松の沿岸防潮堤のプロジェクトがスタートしました。

予想はできましたが、プロジェクトは最初から問題だらけの発進となりました。浜松市だけ防潮堤を整備すれば、他の自治体から「自分たちのところはどうなるんだ」という声が寄せられるのを、県側は恐れるのではないかと想定していましたが、そうした空気が漂い始めました。

一石二鳥の土砂の確保

したがって県は他の市町への予防線のために、このプロジェクトに一切資金を拠出しないだろうと考えましたが、案の定、寄付された三〇〇億円以内で完成させることに頑ななこだわりを見せ始めました。

しかし、厳密に事業費を見積もっていくと、土砂の確保から防潮堤の建設までを三〇〇億円で賄うというのは厳しいことがわかってきました。特に膨大な土砂の確保と費用はプロジェクト最大の課題となりました。

実はプロジェクトがスタートする時点で、私は一〇〇億円くらいの出費は覚悟していました。

それは浜松にメリットのある事業ですので、一定の受益者負担は必要だと考えていましたし、浜松の財政状況からすれば、それくらいの支出は特に問題のある額ではなかったからです。

土砂の採取地もあらかじめ考えていました。それは天竜地区にある阿藏山《あくらさん》という場所でした。ここは合併した旧天竜市から引き継いだ再開発事業の用地でしたが、中々用途が決まらず、塩漬けの土地となっていました。私は将来この土地は企業用地として開発しようと考えていましたが、膨大な開発事業費や採算性を考慮すれば、すぐに手が付けられる状況ではありませんでした。

しかしいずれ手を付けなければならないなら、この山を削って土砂を供給すれば、防潮堤の土砂の確保問題も解決するし、再開発事業に向けての粗整備にもなる。つまり浜松市にとっては一石二鳥のお得な事業になると踏んでいました。

実際、企業誘致のために開発した第三都田地区工業団地が完売したあと（前掲）、新たな工業団地として阿藏山の開発プロジェクトが動き始めましたので、目論見《もくろみ》通りに事が運んでいます。

一条堤の完成

最大の懸案であった土砂の確保を浜松市が引き受けることで、大きな関門はクリアしました

完成した防潮堤

が、その後も合意に至るまでには時間を要しました。一条工務店のオーナーは三〇〇億円もの資金を提供するのですから、相当のこだわりがありましたが、県のほうは事を事務的に進めようとするので、何度もプロジェクト崩壊の危機に直面しました。そのたびに調整を重ね、ついに二〇一二年六月に、静岡県、浜松市、一条工務店グループの三者による基本合意書の締結に至りました。二〇一一年五月の極秘会談から、実に一年以上の歳月を要しました。

防潮堤本体は、ダムなどの建設に用いられるCSGという工法でつくられることになりました。中央部に土砂とセメントを混ぜた材料で芯《しん》となる部分をつくり、その両脇に土盛りをして堤とするものです。これであればコンクリートの壁のような防潮堤と異なり、半永久的に機能します。

防潮堤の上部は、人が歩いたり走ったりできるように整備し、平時は太平洋を眺めながら散歩やサイクリングのできる施設として、多くの市民や観光客の憩いの場となる計画です。

基本合意締結後、工事がスタートしました。何度かの計画修正や想定外の事態への対応など、工事着手後も問題は生じましたが、ようやく二〇二〇年に完成し、十一月には完成式典が執り行われました。防潮堤の名前は、寄付者を讃《たた》えて「一条堤《いちじようづつみ》」と名付けられ、式では記念碑の除幕式も行われました。二〇一一年の五月の極秘会談から数えて、十年の歳月が流れました。

完成した防潮堤の上で広大な太平洋を眺めていると、東日本大震災の当日の鮮烈な光景から紆《う》余曲折《よきよくせつ》を経て完成した防潮堤のことまで、走馬灯のように記憶が蘇ってきました。

三〇〇億円のご寄付は、「運」という一言では片づけられません。この舞い降りた運を活かすために、本当に多くの人々が努力をしました。運を活かすためには、努力が必要なことを改めて感じた次第です。

②縁を生かす――党派を超えた付き合い、人脈があるからこそできる

人のご縁を生かすことも運の一つです。こんな格言があります。

「小人は縁に出会って縁に気づかず、中人は縁に出会って縁を生かさず、大人は袖すりあう縁を

も生かす」

実に含蓄のある格言です。六十年以上も生きてくると、人とのご縁がどれほど大切か、身にしみて感じます。松下政経塾へ入塾して松下幸之助氏とご縁を頂いたことにより、公務員の息子である私が、政治の道を志すことができました。鈴木修氏とのご縁があったからこそ、十六年間市長として活躍することができました。人生を振り返ってみると、実に多くの方との重要な関わりがありました。

私が政治の世界で活動するうえで、重要な出会いの場となったのが、松下政経塾と国会です。松下政経塾はこれまで多くの人材を政界に輩出しています。私の同期で総理大臣になった野田佳彦氏、官房長官の松野博一氏、女性議員として活躍している高市早苗氏等々、現在国会議員だけでも二六名に及びます。もちろん与野党に分かれますが、同じ松下政経塾で学んだ同志として、党派を超えた付き合いができます。

国会も同様です。国会では同期当選という付き合いがありました。私の場合は二〇〇〇年に民主党で初当選を果たしますが、保守系ということもあり、自民党の初当選の人たちと定期的に飲み会を開催するなど、ご縁を深めてきました。また、委員会活動や議員連盟の活動などで、党派や年齢を超えたお付き合いもしてきました。

こうしたなかで生まれた人脈は、私の大切な財産です。文中でも何度か国会へ陳情や意見具申をしたということを書きましたが、それはこれらの人脈があるからこそできるのです。知らない政治家を人づてに紹介してもらってお願いをするのと、昔から人間関係のある政治家にお願いをするのとでは、全く相手への伝わり方が違います。その点、政界人脈に恵まれたことでずいぶん市長としての活動に役立たせていただきました。

菅義偉前総理大臣とのご縁

政界人脈のなかでもひと際、特別なご縁があります。それは菅義偉前総理大臣とのご縁です。テレビの中継などでご覧いただくとおわかりの通り、国会の議席には党派を分ける境はありません。党のいちばん隅に座ると、隣は他党の議員ということになります。

私が二〇〇〇年の衆議院選挙で初当選したときの議席が、たまたま民主党の端でした。そして偶然隣に座られたのが、当選二回目の菅義偉氏でした。当時はまだ無名の国会議員であり、「物静かで真面目そうな議員さんだな」というのが、第一印象でした。

お隣同士ですので、次第に会話をするようになると、第一印象と異なり、菅さんがものすごい政治への情熱と改革意欲を持っていることがわかり、すっかりファンになりました。

菅さんにも気に入っていただき、その後ときどき食事をするような関係になりました。菅さんとの話は常にワクワクするものでした。失礼ながら見た目の印象とは異なり、過激なくらい改革意欲に満ち溢れています。「加藤の乱」のときも先頭切って動かれていましたし、小泉総理大臣が保守再編に動くのではないかという期待に反し、不発に終わったときは、ぼそっと「俺ならやるけどな」とおっしゃられたことを今でも覚えています。

私が市長選挙に出たときは、総務大臣を務めていらっしゃいました。激戦の末当選が決まると、最初に電話をくださったのが菅さんでした。そして「落ち着いたらお祝いをしてあげる」と言っていただいたので、お言葉に甘えて上京の折に食事をごちそうになりました。

そのときにも「俺が総務大臣でいる間は、康友さんの言うことは何でも聞いてやるから、遠慮なく言ってくれ」と言っていただきました。いろいろとお世話になりましたが、「浜松市の市政記念式典に『総務大臣として』では憚《はばか》られるので、友人として来ていただけませんか」というお願いに応えていただいたときはびっくりしました。私以上に総務省の皆さんがびっくりしたのではないかと思います。

市長就任後も事あるごとに、菅さんにご相談をしました。いつも快く引き受けてくださり、ずいぶん浜松市としてもお世話になりました。こうしたご恩を少しでも返すため、市長に就任してからは毎回、菅さんの選挙応援に出かけています。選挙が始まれば、菅さんは全国に応援に出かけられますが、大物政治家である菅さんの選挙に応援に来る政治家は、地元の地方議員を除けば

菅義偉・前総理大臣と

ほとんどいません。そこで私程度でも浜松から応援に駆け付けたとなると、多少の賑《にぎ》やかしくらいにはなります。頂いたご恩に比べればささやかな恩返しですが、これからも応援をさせていただきたいと思います。

総理大臣も務められ、今ではすっかり重鎮になられましたが、菅さんの政治への情熱と謙虚な姿勢は、昔と全く変わりません。現役政治家のなかで、私が唯一尊敬する政治家と言っても過言ではありません。日本の政治が混迷を深めるなか、菅さんにはまだまだご活躍いただきたいと念願します。

さて、「運」のことを紹介してまいりましたが、防潮堤のご寄付や菅前総理大臣との出会いの他にも、出世の街の取り組みのところでご紹介した、徳川家広氏や磯田道史氏とのご縁と、その後のプロジェクトの進化などを考えると、運を活かすことがいかに重要であるか、身をもって経験して参りました。

松下幸之助氏から伝授された運の大切さを、これから人生を切り拓いていく若い人たちに、ぜひ伝えていきたいと思います。

未来への提言

①日本を変える「道州制」の実現

松下政経塾の生みの親である松下幸之助氏の掲げた大きな目標の一つに、道州制の実現があります。すでに半世紀以上前に、明治以来続く日本の中央集権的な統治構造を変えなければ、日本の活力が失われていくことに気づいていたのですから、恐るべき慧眼《けいがん》です。

私が知っている限り、松下氏と同じ問題意識を持ち、国を変えようと最も行動した人物が橋下徹氏です。橋下氏は、日本の統治構造を根本から変えないとだめだということで、その先駆けとして大阪都構想の実現に奔走されました。そして大阪都実現の暁には、道州制を目指し、関西州を生み出すことが最終目標でした。

しかしながら住民投票で否決され、大阪都構想が幻に終わってしまったことが何とも残念です。しかもけじめをつけて橋下氏も政界を引退されました。二重に残念でなりません。

橋下氏は、松下政経塾の後輩の村井嘉浩《よしひろ》・宮城県知事と「道州制推進知事・指定都市市長連合」の共同代表を務められ、経済界や政界への働きかけもされていました。橋下氏が引退された後は、私が村井知事と共同代表を務め、活動を続けてきました。一時期、経団連や経済同友会などの経済団体が活動に加わったり、国会でも道州制基本法が上程寸前まで行きかけましたが、反対が根強いということでお蔵入りしてしまいました。その後は道州制の議論が沈静化していま す。

日本のように人口規模が一億二〇〇〇万人もある巨大な国を、中央政府が一律にコントロールしているような国家は他に見当たりません。巨大国家は米国のように、多くが連邦制を採用しており、地方が自主性をもって自治を確立しています。

かつて国の改革で話題となったニュージーランドは、人口四〇〇万人で静岡県と同じくらいの規模ですし、北欧の優等生フィンランドは北海道と同じ規模です。日本の県くらいの規模の国は、世界に数多くあります。道州制で国を分割しても、決して小さすぎることはありません。

道州制の細かな議論は割愛しますが、私たちの目指す道州制は、道州に国のほとんどの機能を移管し、国は防衛や外交など、国家として果たすべき機能だけを担うというものです。

当然、経済政策などはそれぞれの州が行い、課税自主権も担保しますので、地域格差も生じます。しかしそれは善政競争の結果であり、格差を乗り越えようとする努力によって、さらにそれぞれの地域が発展します。結果的に国全体として活力が生まれます。

道州制は明治以来の国の形を変える大改革です。明治維新が分権国家であった幕藩体制を壊し、中央集権的な国家につくり変えた改革であったのに対し、道州制はかつての分権国家に戻す取り組みです。

この大改革を明治維新のような武力革命ではなく、民主的な手続きで行うわけですから、世論形成も含めて大変な努力が必要です。しかし私はこれを実現しなければ、日本の未来はないと思います。道州制実現に向け、再び機運が盛り上がることを念願してやみません。

②道州制への突破口「特別市」

衆議院議員から市長に転身していちばん感じたことは、基礎自治体である市町村が、ほとんどの行政サービスを市民に提供しており、ここに政治行政の現実が存在するということです。さらに、基礎自治体が自立した都市経営ができれば、県の役割がなくなり、道州制へ移行できるのではないかということも実感しました。

本書では、これまでの十六年間の自治体運営について綴ってきましたが、浜松市は自立した都市経営を実現しており、県に頼らなくても独立してやっていけます。

私の経験から言えることは、人口五〇万人くらいあれば、自立した都市経営は十分可能になるということです。人口一〇〇万人を超えると、逆に大きすぎる感じがしますので、人口五〇万人から一〇〇万人くらいがいちばん適正な自治体規模ではないかと感じます。

この話をすると、面積はどうかと質問されることがありますが、面積はあまり関係ないと思います。何しろ伊豆半島より大きく、面積の半分が過疎指定を受けていた浜松市で、自立した経営に成功しましたので、面積が広くても大丈夫です。しかし人口は一定の規模がないと自立は難しいでしょう。

何が言いたいかといえば、日本の基礎自治体を人口五〇万人から一〇〇万人くらいの規模に再編すれば、県がいらなくなるということです。県に頼らなくても、基礎自治体が十分市民サービスを提供できれば、必然的に県ではなく、もっと広域行政を展開できる道州制に移行できるのではないかと考えます。

「平成の大合併」と呼ばれた市町村合併推進の後は、合併は大きく後退してしまいました。平成の合併策は失敗だったというのがもっぱらの評価であり、現在再び市町村合併を進めようという空気はありません。失敗の根本原因は、合併を進めた後の「国のカタチ」、すなわち将来ビジョンを示していなかったことにあるのではないかと考えます。理念なき合併推進を進めた結果、不満だけが残りました。

たとえば「全国の自治体を適正規模に再編し、権限を強化して県から自立させ、役割の終わった県は同州に移行することによって、新たな分権型国家をつくる」といった新たな国家像を示すべきであったのではないかと思います。

国会議員のときは、上から目線で県の再編を考えていましたが、今では逆に基礎自治体の再編を進めたほうが、自然と道州制への道が開けると確信しています。明治維新もそうでしたが、日本を変えるためには、地方から変えていかなければならないのではないでしょうか。

基礎自治体自立の切り札

基礎自治体を府県から切り離し、自立させる制度があります。それが「特別市」です。政令指定都市市長会では、多様な大都市制度創設の一環として、「特別市」制度の法制化を国に働きかけています。

特別市は、政令指定都市が新たに考案したものではありません。原型は戦後つくられた地方自治法に明記されていました。昭和二十二（一九四七）年に、日本国憲法と同時に公布された地方自治法には、人口五〇万人以上で、府県から自立できる力のある自治体を府県から切り離し、特別市として独立させるという規定が盛り込まれました。

今から八十年前の終戦直後に、このように先進的な規定が発布されていたのですから驚きです。終戦直後のことですから、この条件に合致する自治体は、横浜市、名古屋市、京都市、大阪市、神戸市の五大市と呼ばれた五つの自治体しかありませんでした。

しかし、この五つの自治体に抜けられたらたまらないということで、その後府県の猛烈な抵抗が始まります。極めつきは、特別市を決める住民投票が、当初は対象市の住民の住民投票で決めるという手続きであったものが、府県全体の住民投票で決めるという手続きにすり替えられてしまったことです。結果的に特別市は一つも実現しませんでした。その後も特別市問題はくすぶり続け、昭和三十一年に妥協の産物としてできたのが、政令指定都市制度です。

府県から完全に独立した特別市と、他の市より少々多くの権限は付与されているものの、基本的に他の市と同じ府県との関係にある政令指定都市は全く異なるものです。

政令指定都市市長会では、府県からの自立を目指して、終戦直後にできた「特別市」制度を復活させようと取り組みを進めています。ただし、特別市制度ができれば政令指定都市がすべて特別市になるわけではありません。二〇ある政令指定都市は、それぞれに特徴や事情が異なるため、制度ができたからといってすぐに特別市に移行する自治体ばかりではありません。

しかし制度がなければ、特別市は実現しません。全国一律に自治体をコントロールする時代は終わりました。多様な形態を選択できる環境を整備しなければなりません。

浜松市は特別市に最もなりやすい自治体

私は浜松市が最も特別市になりやすい自治体であり、浜松市が特別市になれば、まさに全国のモデルになれると考えていました。

まず県庁所在地ではない、ということです。県庁所在地の政令指定都市は、県との関係をどうするかという難しい課題があります。そもそも特別市は、府県から自立して府県の域外に出るという制度ですので、特別市への移行後も、その都市に県庁が存在するというのは、理屈上おかしなことになります。また県庁所在地には多くの県有施設が存在しますので、そうした施設をどうするかという問題も残ります。

以前、静岡県知事と静岡市長と私の三人で、特別市のことを議論したことがあります。川勝知事は特別市に理解があり、三者で「静岡型特別市」の計画とロードマップを作成しました。制度ができれば、静岡県は特別市設置に向け、先頭を切って動こうということも約束しました。

その後、川勝知事から「静岡と浜松が特別市となり、県の域外に出るなら、静岡市に県庁があるのはおかしいので、県庁を富士山近郊か静岡空港近郊に移そうと思うがどうか」と聞かれたので、「それは知事の考えが正当ですので、私は賛成します」と答えました。前述したように、特別市は県の域外に出るわけですから、そこに県庁が存在することは、理論上矛盾を抱えることになるからです。

浜松市は県庁所在地ではありませんから、県庁がどこに動こうと影響はありません。しかし静岡市は違います。知事の考えが表明されると、静岡市は大騒ぎになりました。県庁が移転し、県都でなくなるということは、静岡市にとって大きな影響が出るからです。以後、静岡市では特別市の議論が一気に後退した感があります。

このように政令指定都市でも、県庁所在地の都市とそうでない都市では、特別市移行への環境が異なります。全国で一気に特別市が増えて、県の役割が大幅に縮小したり、道州制へ移行したりすれば、県庁所在地の都市でも、特別市への移行はハードルが下がりますが、先頭を切るとなると事情は違います。まずは浜松市のような県庁所在地でもなく、県有施設も少ない自治体から取り組むべきだと考えます。

浜松市が特別市になる二つ目の大きな意義は、大合併した自治体だからです。浜松市は前述したように、二〇〇五年に天竜川以西の一二市町村が合併して今の浜松市になりました。湖西市を除けばすべてです。したがって静岡県に天竜川以西を切り離してもらえば、すぐにでも特別市に移行できますし、全国のモデルにもなれます。

全国の自治体を人口五〇万人から一〇〇万人くらいの規模に再編すれば、府県の役割がなくなり道州制に移行できるという考えはすでにご紹介しましたが、浜松市が特別市となり、自立した都市経営に成功すれば、全国の自治体も後に続けます。

何しろ合併して伊豆半島より大きくなったうえ、面積の半分が過疎指定を受け、国土縮図型都市と称される浜松市ですから、静岡県から自立して、浜松市の経営が飛躍的に向上すれば、全国の自治体は浜松市のような合併と都市経営をすればいいからです。

何の前例もなく全国の自治体を再編すると言ったら、荒唐無稽のように聞こえるかもしれませんが、浜松市という実例が存在すれば話は別です。

本書でご紹介したように、国や県の足かせがあるなかでも、工夫を凝らし、経営力を発揮して、全国屈指の自立した自治体に改革をしました。まして特別市となって、今より豊かな財政力のもとで、自由な都市経営ができれば、浜松市をさらに飛躍的に発展させられると思います。私はこのことを本気で考えて市政に取り組んできました。

残念ながら私の任期中には、特別市への移行はできませんでしたが、後に続く皆さんには、ぜひこの思いを引き継いでいただき、日本一自立した自治体として範を示し、日本の統治構造の大改革に取り組んでいただきたいと念願します。

第五章

自治体と「共進」する グローバル企業

対談

スズキ株式会社
代表取締役社長
鈴木俊宏

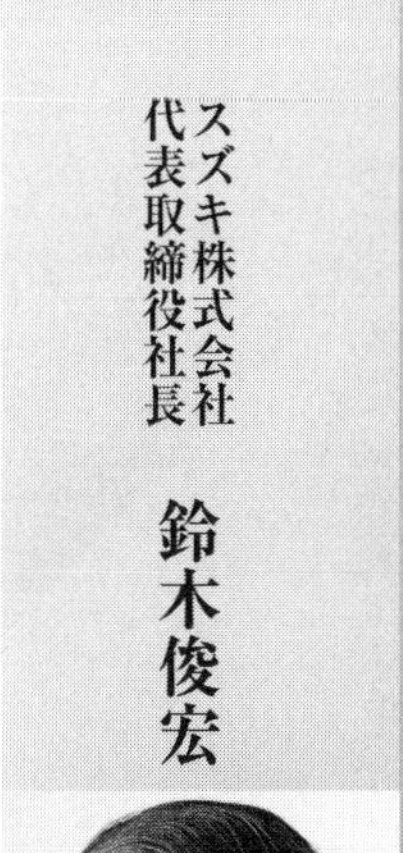

前浜松市長
鈴木康友

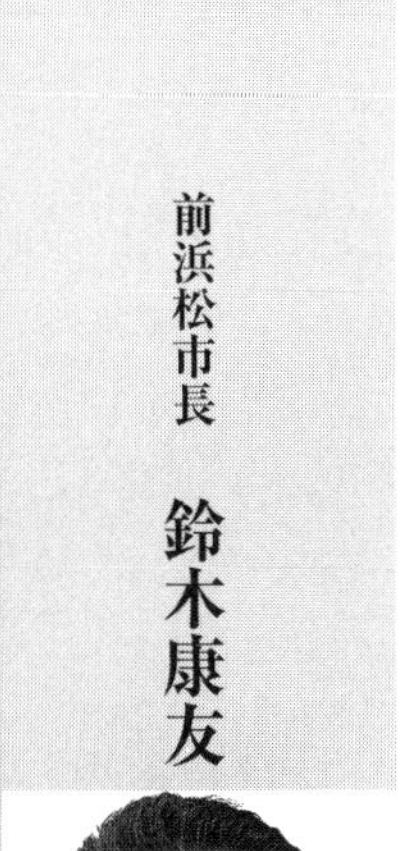

自治体を経営する

――鈴木康友・前市長が浜松市政について語るとき「経営」という言葉をよく使います。この「自治体を経営する」感覚というのは、他の自治体の首長には見られないものだと思います。

鈴木康友　企業の社長を前にして言うのはおこがましいですが、「まえがき」でも触れたように、私の発想の原点は松下幸之助塾主の言葉です。松下政経塾時代に「政経塾の『経』は経済やない。『国家経営』の経であり、『自治体経営』の経や。これからは国も自治体も経営感覚がないと、借金を抱えて財政が行き詰まってしまう」ということを、四十年以上も前に指摘されました。実は二〇〇七年に私が浜松市長選に出馬したとき、スズキの鈴木修相談役がおっしゃっていることも同じでした。二人は私の「師」と言っても過言ではありません。

くしくも最初の市長選の最大の争点は、二〇〇五年の一二市町村合併を経て肥大化した浜松市の行財政改革でした。したがって市長になるはるか前から、自治体を経営する感覚が刷り込まれていたと思います。

鈴木俊宏社長（以下、「鈴木社長」）　詳しくは本書を読んでいただくとして、鈴木さんが市長時代、四期十六年にわたって取り組んだ行財政改革は大きな成果を上げましたね。

鈴木康友　皆さんのご協力をいただき、定員適正化により、職員定数を一三一九人減らしたり、合併で急増した公共施設を六五六カ所廃止し、年間の維持管理経費を一〇億円以上削減したりしました。その結果、任期中に市の借金である市債残高を一三一四億円削減することができました。スズキの鈴木修相談役には、行財政改革などの取り組みでお知恵やお力を借りるなど、人一倍ご尽力いただきました。

伊豆半島より面積の大きい浜松市の半分は、過疎地域、すなわち条件不利地域です。また市が管理する道路延長距離・約八五〇〇㎞は断トツの日本一です。こうした条件不利地域や膨大なインフラを抱える分、浜松市を運営するのには大変なコストがかかります。そこで経営感覚をフルに発揮することで、初めて健全財政に転換できるのです。人口の多寡にもよりますが、五〇万人くらいの規模の自治体であれば、首長がリーダーシップを発揮して、徹底した行革を進めれば、債務の圧縮や健全な財政運営は十分に可能です。

鈴木社長　これが国であれば、赤字財政のもとでも国債を発行したり、お札を刷ったりすることができます。しかし、地方自治体ではなかなかそうはいかない。地方債の発行には厳しい制約があります。現在、地方債の発行残高は各都道府県で軒並み過去最多を更新しています。継続的に地方自治体を運営していくには、収支をプラスマイナスゼロに近づけていく経営努力が必要です。そこには、やはり首長の経営感覚が欠かせないと思います。

とはいえ、自治体だけに行財政改革を丸投げするのではなく、私が考えるには、まず私たち市民が「市に任せておけば何でもやってくれる」と依存する態度を直していかないと無理なんです。市の努力を求める前に、まず自らが市民として、地元企業として、自分たちに何ができるかを考え、できることは自分たちもやる。自治体への協力姿勢を示したうえで、できないところは自治体がおカネを投じる、というのがあるべき姿でしょう。おカネがなければ、体を動かして市の運営に貢献する。

自主自立と参加の意識を持って、市を構成する人々が住みよいまちづくりに主体的に関わらなければいけません。行財政改革のポイントは、市民の参加によって自治体任せのマインドを変えていくことです。

ライドシェアは待ったなし

鈴木康友　おっしゃる通りですね。多くの地方自治体が直面している問題の一例を挙げると、赤字の公共交通機関があります。過疎地域が半分を占める浜松市でも赤字のバス路線が多いのですが、「廃止されると足の便がなくて困る。何とかしてほしい」という市民からの要望は全国で溢れています。今まで利用者の少ない赤字の路線バスは、市が税金を投入することで何とか維持してきました。しかし、これは税金を使って空気を運んでいるようなもので、実に税金の無駄です。したがって私は、市長就任当初から「住民が住民を運ぶ」共助型交通の必要性を訴えてきました。

共助型交通を実現するため、いきなり「ライドシェア（タクシーや空いた一般車を利用した相乗り移動サービス）の全面解禁」というと、驚く方もいるかもしれません。でも、それは地方の現実を知らない方々の反応です。本書にも書きましたが、ある体育館を廃止する際、「高齢者が体力づくりで利用している。高齢者は交通手段がなく、別の施設へ通えないので、廃止はまかりならん」という地元からの反対がありました。

調べてみると、高齢者の利用はごく少数でした。そこで、廃止の条件として送迎用のバスを用意することにしました。しかし実際に運行してみると、バスが利用されることはほとんどありませんでした。送迎バスよりも融通の利く自家用車の乗り合いなどで移動したほうが、はるかに便利なことに、皆が気づいたのです。

今でも、よその家の顔見知りが自家用車でご近所の高齢者を病院などへ連れていく光景は日常茶飯事です。この場合、無料のボランティア・助け合いなので、白タクにはなりません。これがガソリン代程度のわずかな謝金でも、有償となると白タクとみなされてしまう。しかし完全なボランティアは持続性がありません。公共交通が崩壊していく地方にとって、共助型交通を実現するためのライドシェアは、待ったなしの状況です。

鈴木社長　先進国でライドシェアサービスが浸透していないのは、日本だけですからね。ようやくタクシー会社が運行管理を担うかたちで解禁が具体化してきましたが、依然として反対論が根強い。しかし私は、両者は共存できると思います。

鈴木康友　タクシーの供給が行き渡らない地域は必ずありますから。ライドシェア反対論の一つに安全性が挙げられていますが、タクシーでも事故は発生しており、ライドシェアの事故発生率が特段高い、とは言えません。にもかかわらず、乗務中のタクシーが事故を起こしてもニュースにならないのに、海外でもウーバーの事故などが起こると大きく報道されがちです。そこで抵抗勢力が「ライドシェアは危ない」と喧伝《けんでん》することで、偏見が広がってしまうのです。

私は有料のライドシェアが解禁されることで、むしろ安全性や事故発生時の補償性が高まると見ています。現状の無料ボランティアによる送迎から、有料の共助型交通に変わると、ドライバーは運賃の一部を安全機能の強化やライドシェア用の自動車保険加入の費用に充てることができるからです。規制の緩和によって、より持続的な「共助型交通」の仕組みができることを望みます。

自動運転と「共進」の発想

鈴木社長　「自動運転」に関しても、同じようなイメージ先行で語られがちです。海外の自動運転車による事故が起こると、メディアが大々的に報道しようとします。

鈴木康友　日本でも二〇二三年、二六七八人もの方が交通事故で亡くなっています。自動運転技術の進化で死者が減らせるなら、社会にとってよほど有意義です。開発中の段階で、自動運転の危険性をことさら強調するような報道には疑問を抱きます。

鈴木社長　現在、鈴木さんが市長時代にスタートした浜松市とスズキによる協働の自動運転プロジェクトが進行中です。たしかに自転車や歩行者の多い日本の道路交通事情のもとで、自動運転を実現するのは難易度が高い。東京のような過密都市ではなおさらでしょう。しかし、諦める必要はないでしょう。

自動運転は、技術的な進化だけでは実現しません。人間の動きや生活のあり方を深く理解し、人と車が互いに補い合う発想で開発をしなければならない。私はよく「共進」という言葉を使います。自動運転だからといってすべてを機械に委《ゆだ》ねるのではなく、「自動運転はここまでならできる」「これ以上はできない」という現状での限界を人間が理解し、共存していく。互いの足りない部分を補いながら、自動運転を導入していく取り組みが求められます。「自動化は危ない」と決めつける前に、人が運転している車にはできないこと、自動運転によって回避できることが確実にあるわけです。

「この技術はここが弱点だよね」「正否を見極められないから、進展を見ながら判断しよう」という情報と判断を重ね、情報をアップデートし続ければ、事故を防ぐ確率は高まります。自動運転に限らず、イノベーションは試行錯誤の繰り返しです。欠点を非難するばかりの社会には、発展は生まれません。より便利な生活・社会の実現という目的の共有が必要で、浜松市はその点、産業界が自治体と「共進」して社会をつくっていくという発想が強い。それがひいては市の発展につながると考えられます。

空洞化のウソを見抜く

鈴木康友　本書でも強調していることですが、浜松市は特異な自治体で、全国に二〇ある政令指定都市のなかで、数少ない県庁所在地ではない都市であり、また東京や大阪のような大都市近郊の都市でもありません。同様の都市に北九州市があり、両者には産業で成長してきたという共通点があります。しかし北九州市は、ご存じのように官営八幡製鉄所を中心に国策で鉄の町として発展してきた歴史があります。

これに対し浜松市は、純粋に「民」の力で発展したという独自のポジションを築いています。今日《こんにち》の発展はスズキのような企業の活躍によるところが大きく、逆に言えば産業の火が消えたら市は衰退の一途をたどるはずです。したがって産業政策は、浜松市にとって一丁目一番地だと考えています。

市長に就任して私が最初に危機感を抱いたのは、就任前にヤマハが「浜松市内に土地がない」という理由で、本社のピアノ工場を掛川市に移転させたことでした。さらに、ホンダなどの自動車メーカーのチェンジコントロールシステムやエンジン機能部品を手掛けるアツミテックが、同じく移転先が見つからず、浜松市外に出ていくという話を聞きました。「これはまずい」と感じ、国の総合特区制度を使い、交通至便な地域を工場立地誘導地域に指定するとともに、農地を転用して工業用地として利用できるようにしました。農水省の抵抗を抑えて誘致を実現した経緯については、本書に記した通りです。

加えて、新東名高速道路・三方原スマートインターチェンジ付近に工業団地を造成して企業誘致を図る計画を策定し、立地誘導地域として認可を得ました。同地区は今や、浜松のものづくりのメッカになっています。

鈴木社長　鈴木さんの慧眼は、「企業の生産拠点が海外へ移転して地元の雇用が失われ、工業都市浜松が衰退してしまうのではないか」という「空洞化のウソ」を見抜いたことでしょう。ジェトロ浜松事務所の誘致に始まり、私たち民間企業の海外進出を積極的に支援していただきました。

鈴木康友　地元企業の海外展開について注目すべき点は、海外展開に積極的な企業は、国内に留まる企業よりも生産性や競争力が高くなるという事実です。中小企業庁の調査でも、同様の結果が出ています。海外展開によって取引先が増え、販売額も伸び、扱う製品も多様化する。技術力も当然、向上します。グローバル企業は海外での成長を国内に取り込み、向上した技術力を地元に還元してくれる。優秀な労働者も各国から集まるので、実際は空洞化とは逆の現象が起きるのです。

鈴木社長　空洞化のウソを理屈としては理解できても、鈴木さんのように実践できる首長は稀《まれ》です。「市は会社であり、市長は経営者である」という経営者感覚の持ち主でなければ、なかなか実現できないことでしょう。

政府にもいえることですが、財政が赤字だと、新しい政策ができない。かといって安易に増税をすると、企業と住民が疲弊してしまう。赤字を減らすには企業・産業が元気になるのがいちばんで、税収を増やして消費を活性化させるのが、財政健全化の近道です。幸い、近年の浜松市は地元産業の発展と市政の改善、住民生活の向上がうまく噛《か》み合っています。自治体の経営を安定させるには、無用な規制で民間の手足を縛らないこと、官民連携による好循環を生み出すことでしょう。

EVの未来

鈴木康友　住民生活の利便を考えると、先述した路線バスの路線廃止以上に影響が大きいのが「ガソリンスタンドの激減」です。浜松市の過疎地域や、周辺地域に住む人たちにとっては自家用車が足代わりで、近場にガソリンスタンドがなくなることは深刻です。移動難民や買い物難民を増やす大問題になりかねません。ＥＶ（電気自動車）の代替を考えるべきですが、すぐには無理でしょうね。

鈴木社長　現在のＥＶ開発の主流となっているのは、高級車です。価格や走行距離の点から、大型のバッテリーを搭載できる車から開発を進めざるをえない面があります。片や地方の足として重宝されている軽トラックの場合、最大で三五〇kgを積載し、ガソリン三〇ℓで四〇〇㎞ほどの距離を走ります。フル充電で四〇〇㎞走行可能なＥＶだと、四〇〇kgものバッテリーを積まなければならない。

しかし、大型で重いＥＶが本当に環境にやさしいのかどうか。走行時の道路や橋にかかる負担とメンテナンスを考えると、長大な道路を擁する浜松市の財政は悪化してしまうかもしれません。

鈴木康友 「生活の足」と考えれば、現実的には、一日にせいぜい二、三〇km移動できればいいわけですからね。

鈴木社長 すると現実には軽量小型バッテリーを積んだ、一人ないし二人乗りEVが最も広範に受け入れられると考えられます。そこで、コンパクトな車づくりを得意とするスズキの強みが活かせるわけです。私は、全国一二〇万カ所の充電スポットの設置が必要だと考えています。二、三分で充電できて日々の移動に十分な航続距離のEVが、近距離走行のコミューター（移動手段）として最適ではないでしょうか。

長距離走行が必要な車の燃料には、合成燃料やアンモニア、水素を使うなど、適所適材の自動車のあり方を示していきたい、と考えています。ガソリン車に慣れた人たちのマインドを考えると、すぐにコミューターを受け入れてもらえるかというと難しいかもしれませんが、時間をかけて環境も意識しながらそのマインドを変えていくことが、課題の一つだと思います。

「やらまいか精神」の強さ

――鈴木康友・前市長は本書で浜松市のことを、日本をコンパクトに縮めた「国土縮図型都市」と表現しています。お二方が浜松市を経営者視点で見たときの強みと弱み、浜松市が日本の産業や社会に与えるインパクトについて教えてください。

鈴木社長　浜松市の強みとしては、何よりも人の気質が挙げられます。浜松を含む遠州地方に根付いた「やらまいか精神」です。「あれこれ悩む暇があったら、とにかくやってみよう」とチャレンジを促す。この前向きな考え方、進取の気質は最大の強みで、日本にとってもプラスに働く考え方でしょう。

鈴木康友　やらまいか精神は今や企業だけではなく、失敗を恐れるあまり前例主義に陥りがちな自治体など、公の世界にも求められるようになりました。浜松市だけでなく、長期低迷にあえぐ日本全体に広めたい気概です。

私は市政の構造改革を進めつつ、産業政策の柱としてスタートアップ（新たな技術やアイデアをもとにビジネスを始める企業）の街を目指す取り組みを続けてきました。鈴木社長にも趣旨を理解いただき、起業家との協業や連携・支援にお力添えをいただいてきました。やらまいか精神を軸に、浜松市の政策と産業界の方向性は合致しているのではないでしょうか。

鈴木社長　当社にしても、そもそも百年前（一九〇九年）の創業時はスタートアップの一つだったわけですからね。

鈴木康友　その意味で浜松は元祖スタートアップの街で、スズキ、ホンダ、ヤマハ、カワイ、浜松ホトニクスといった世界的企業が次々と誕生している。その要因の一つが、まさにやらまいかの気風にあると思います。

鈴木社長　企業の歴史が長くなるにつれ、当社でも百年前のスタートアップ精神を忘れている人が多いように感じます。だからこそ浜松市のスタートアップに学び、刺激を受けながら、スズキを次の百年間、発展させていくサイクルをつくりたいと思っています。スタートアップの人たちと関わっているうちに「今こんなことが起きているのか」という驚き、発見があって、スズキもどんどん変わり始めてきています。

鈴木康友　スズキに続けとばかり、他の地元企業も関わり、まさに好循環が生まれ始めているところです。浜松から次世代を担うどんなグローバルな技術、企業、産業の芽が出るか、楽しみです。

鈴木社長　また技術の多様化と融合により、近年は「自動車産業」とか「何々産業」とかいう業種の垣根がどんどんなくなっていく印象があります。ＥＶ開発にＩＴ企業が新規参入してきたように、分野の違いがもはや参入障壁にならない時代です。

鈴木康友　逆もまたしかりで、他産業・異分野に参入する好機でもあるわけです。

鈴木社長　その通りです。たとえば医療と車の技術がつながるということは、以前なら考えられませんでした。しかし、たとえば車のハンドルを握っているだけで、ハンドルのセンサーや車内カメラから得た情報を分析・統合できれば、ドライバーの健康状態が即座にわかってしまうわけです。

現在はどの産業がどんな形で結びつくか、読めない時代の競争になっています。その点、産業集積都市である浜松市に、スタートアップが集まる意義はたいへん大きい。おもしろい試みだと思います。

鈴木康友　ちょうど今、私が市長在任中に造成した工場用地の空きがなくなってきています。浜松市の未来のために、新たな工場用地を造成し、さらなる企業誘致を進めていただきたい。国土縮図型都市の浜松市が産業発展と自治体経営のモデルとなり、よりよい日本社会の実現に寄与するためのお手伝いを、これからも続けてまいります。

あとがき――社会課題解決のための官民連携

本書では、十六年間の市政経営、市政改革について、できるだけ抽象論を避け、具体的な取り組みをご紹介しました。なぜその施策を考えたのか、という背景や課題認識、発想から紐解き、施策の内容や結果について、できるだけわかりやすく書いたつもりです。そのなかには、浜松特有の課題や取り組みもありますが、多くは自治体共通の課題です。公務に携わる首長や公務員の皆様方の活動に少しでもお役に立てれば幸甚です。

私は、二つの点で今後の自治体を取り巻く環境は厳しくなると予想しています。

一つは、自治体財政です。周知の通り、自治体の収入は、税収と国からの交付税や交付金で成り立っていますが、税収自体が人口減少等で収入増は望めないことに加え、国からの交付税や交付金も将来的には減っていくのではないかと推測します。

本文でも指摘したように、このまま国債を増やし続けていけば、国自体が近い将来、財政危機に陥る可能性が高まっています。そうなれば当然財政健全化に向けた取り組みをしなければなりませんが、その方策は、増税によって収入増を図るか、歳出を減らすかの二つしかありません。

現実的には両方をやらなければなりませんが、それは国だけの問題ではなく、自治体も大きな影響を受けます。

国の歳出の内訳を見ていただければおわかりになりますが、国債費と社会保障関係費、自治体関係費で、歳出の四分の三を占めています。公共事業や教育、防衛など、多くの施策は、残りの四分の一で賄っているのが現実です。

歳出改革を行うとなれば当然、額の大きな前者の三つの歳出を削らなければなりません。しかしこのなかで国債費は、債務を縮小しなければ減りませんので、努力して削れるとなると、社会保障関係費と自治体関係費に絞られます。

この二つの歳出は、自治体財政と密接不可分です。社会保障関係費と自治体関係費が削減されることとなれば、国から自治体への支出が減ります。私は中長期的には、自治体財政は必ず厳しくなるので、今から健全財政確立へ向けた努力を始めるべきだと考えます。

もう一つの危機は、人口減少です。人口減少の原因は、出生率の低下です。合計特殊出生率が二・〇七を下回ると人口は減少に転じますが、二を切ったのは一九七〇年代半ばであり、以来五十年近く低下をし続けています。

出生率低下の原因は、結婚をしない非婚化と歳を経てから結婚する晩婚化です。若くして結婚した夫婦に限れば、出生率は二を超えていますので、明らかに非婚と晩婚を是正しなければ出生率は回復しません。

しかし、多くの成熟した先進国で同様の現象が生じていることに鑑みれば、社会の価値観と仕組みを変えて出生率を回復させることは、並大抵のことではありません。国は二〇四〇年に合計特殊出生率を二・〇七に回復させる、という目標を立てていますが、今の状況ではきわめて難しい、と言わざるをえません。

さらに言えば、仮にこの目標を達成したとしても、人口はすぐに増えるわけではありません。浜松市でも二〇四〇年に合計特殊出生率二・〇七を達成したとする人口シミュレーションを作成しましたが、この最もよいシナリオにおいてすら、出生人口は今より二〇万人減少して六〇万人になると想定されます。

つまりここから言えるのは、人口は確実に減少するということです。私たちはこの現実を直視し、受け入れなければなりません。そして大事なことは、「少々人口が減少しても、いかに活力溢れる地域を築くか」という発想を持つことです。私は常に、このことを肝に据えて市政運営に取り組んできました。

財政が厳しくなり、人口が減少するという困難な環境下で、活力ある地域を築く有効な手段が「民間活力の活用」です。本書では、各分野で浜松市が企業をはじめとした民間活力を活用した実例をご紹介しましたが、この取り組みは今後、すべての自治体で必要となります。

逆に民間企業の皆様にも、社会課題解決のための官民連携が大きなビジネスチャンスとなることを認識していただきたいと思います。国土交通省は、上下水道事業へのウォーターＰＰＰという官民連携手法の導入を推進し始めましたし、住民の移動手段としてライドシェアの導入も始まります。すでに多くの公共部門への民間参入が始まっていますが、この傾向はますます拡大していきます。ぜひ、積極的に官民連携を進めていただくことを期待しています。

さて、株式会社ＰＨＰ研究所は、松下政経塾の創設者である故・松下幸之助翁によって戦後間もなく設立されました。松下政経塾自体がＰＨＰ思想から生まれた、といっても過言ではありません。つまりＰＨＰ研究所は、松下政経塾にとって兄貴分のような存在です。私自身、松下政経塾に入塾して間もなく、半年間ＰＨＰ研究所で研修をさせていただいた経験もあります。

こうした経緯から「本を出すならＰＨＰ研究所で」と考えていましたが、私の思いに応えていただき、出版に向けて親身になって取り組んでいただいたＰＨＰ研究所の皆様に、心から感謝申し上げます。

私は浜松市長退任後、これまで積み重ねた経験や知見を活かして、地方自治体や企業のサポートを行っており、引き続き地域貢献や社会貢献をして参りたいと考えています。人生百年時代、まだまだ頑張ります。

二〇二四年四月

鈴木康友

〈著者略歴〉
鈴木康友（すずき　やすとも）
1957年、浜松市生まれ。慶應義塾大学法学部卒業後、松下政経塾に第1期生として入塾。卒塾後は企画会社経営、政治団体役員等を経て2000年、第42回衆議院選挙において、静岡県第8区より初当選。衆議院議員を2期務めたのち、2007年、浜松市長選挙初当選。2019年、再選。以後、浜松市長を4期務める。2024年5月、静岡県知事に就任。

装丁：斉藤よしのぶ
本文写真提供：浜松市

市長は社長だ
浜松市が1314億円の借金を返せた理由

2024年6月12日　第1版第1刷発行
2024年11月15日　第1版第3刷発行

著　者　鈴　木　康　友
発行者　永　田　貴　之
発行所　株式会社ＰＨＰ研究所
東京本部　〒135-8137　江東区豊洲5-6-52
ビジネス・教養出版部　☎03-3520-9615(編集)
普及部　☎03-3520-9630(販売)
京都本部　〒601-8411　京都市南区西九条北ノ内町11
PHP INTERFACE　https://www.php.co.jp/

組　版　有限会社メディアネット
印刷所　株式会社精興社
製本所　株式会社大進堂

ISBN978-4-569-85693-3

PHPビジネス新書

社員稼業

仕事のコツ・人生の味

松下幸之助 著

君は、社員という独立した事業を営む経営者であり、社員稼業の店主である。雇われ根性を捨てれば、仕事は今より何倍も楽しくなる。